【文庫クセジュ】

カザフスタン

カトリーヌ・プジョル 著
宇山智彦/須田将 訳

Que sais-je?

JN268628

白水社

Catherine Poujol
Le Kazakhstan
(Collection QUE SAIS-JE? N°3520)
©Presses Universitaires de France, Paris, 2000
This book is published in Japan by arrangement
with Presses Universitaires de France
through le Bureau des Copyrights Français, Tokyo.
Copyright in Japan by Hakusuisha

目次

「ああ、何世紀もの過去が眠っている、霧に包まれて……。そのなかに何が隠れているのか、誰がわかるだろう……」

ムフタル・アウエゾフ『アバイの青年時代』

序――領域から共和国へ

カザフスタンは一九九〇年十月二十五日に主権宣言をしたが、独立を宣言したのは中央アジア諸国のなかで一番遅く、一九九一年十二月十六日であり、その五日後にはＣＩＳ（独立国家共同体）に加盟した。ソ連の消滅までほとんど無名であったカザフスタンが、国際舞台に登場した。これは、ヌルスルタン・ナザルバエフ大統領のおかげであると同時に、この国が持つエネルギー資源と戦略的な並はずれた潜在力が、それまで遠い存在だった多くのパートナーの注意をすぐに引きつけたからであった。

一九九一年の冬のあいだ、ソ連という親を亡くした孤児の状態だったカザフスタン共和国は、すべてが急激に変化した政治的、経済的、社会的環境と、しかし不思議となじみのある雰囲気のなかで、世界第四位の核大国として目を覚ました。核不拡散条約締約国である主要核大国との長い交渉を経て、カザフスタンは非核保有国となることを受けいれた。これは、ペレストロイカ以降環境保護に敏感になった自国の世論の見方に合うものであったし、核兵器を維持しようとしても、財政力の弱さが障害となったであろう。

重要なのはむしろ、脆弱な国家的正統性を強化するために、社会的なバランスと経済の変革を調和させるプラグマティックな政策を必要とする歴史的な新時代において、第一歩を踏みだすことだった。また、それまでロシアとの歴史的なつながりを通して自然に衰退していくように見えた、独自の文化と多様な文化遺産が、再評価されなければならなかった。

強力な北の隣人との長い国境、一九八九年に人口の三九パーセントを占めた国内少数派としてのロシア人、最も民族主義的な意識のなかにまで錨をおろした「民族間交流語」としてのロシア語、移動式牧畜に弔鐘を鳴らした定住化の進行。これらの事情と、ソ連を父として現在の地位が与えられたということから、カザフ社会にとっては、アイデンティティ再構築という物差しでロシア的な現実を評価する内省の作業が、不可欠であった。ソ連崩壊後の移行の歴史は、その痛ましい証人となるであろう。

二七〇〇万平方キロメートル以上の面積と、一九八九年当時一七〇〇万人足らずの人口、単調で壮大かつ空虚な風景と対照をなす豊かな地下資源。ユーラシアの中心に位置する「橋」であり、征服者たちの往来の波をたびたび目にしてきたこの国土は、ソ連の保護が突然終わるまで、どうしてこれほど見捨てられたままでいたのだろうか？　もともと中央アジアで最も重要だった諸民族を民族政策によって変形させた実験室、何世紀ものロシア帝政の延長であるソ連的な論理のなかに固定されたこの実験室が、どうしてこれほどまで関心を持たれなかったのだろうか？

ロシア、中国、インド亜大陸、それに南方のムスリム諸国の脇腹に囲まれた、地政学的戦略上の鍵となる位置、二十世紀初めの戦略家たちの注意を逃さなかった位置（サー・ハルフォード・マッキンダーの言う有名な「ハートランド」）にあるカザフスタンは、実際、周囲の定住民諸国の武力が戦いあう場であった。人の移動および文化的・地理的な移行の地帯であり、こんにちでは、移動性の遊牧と定住性の農業、豊かな原料資源の工業開発といった、さまざまな経済活動の様式の独創的な総合の所産となっている。そしてまた、多様な宇宙観、宗教観（シャーマニズム、イスラーム、キリスト教）の表象を、伝統と近代を調和させたり引き裂いたりする政治的・社会的な構造に結びつけている。

独立の達成はカザフスタンを、歴史の重要な段階である国民国家の段階に踏みいれさせた。そこでは、隣接する中央アジア諸国の場合と同じように、現在を正統化し未来を拡張するために、過去が「再評価」の対象となる。

われわれの目の前で展開されている移行は、実は過去何十年ものあいだに熟してきたものである。この現在の移行期において、カザフ人のアイデンティティと、彼らの名を冠するものの、カザフ人以外のカザフスタン人が何百万人も住んでいる生成中の共和国のアイデンティティは、それらを構成する多様な遺産の分け前を決めあわなければならないだろう。独立に賭けられている課題を理解するためにいつにもまして必要なのは、過去を再構築することである。そこでは、恒常的な文化交流が、それ自体の形成の原因であった民族的・文化的激変を評価するのに役立たなければならない。この激変が導きだすのは、世界の他の場所でもそうだが、「先占者の権利」という概念である。この権利は、二世紀以上前から北部に入植したロシア人によっても、現在の国境を大きく越える空間で遊牧していたカザフ人によっても要求されている。

したがって、外の目で（つまりソ連の歴史学によって）書かれた歴史と、現在内部で過去の清算という形で書き直されている歴史との隔たりを減らすという問題が問われる。難しいのは、「受益者」となる民族を一致させなければならないことである。ロシア人とはまったく異なる流儀で、「残滓として」ではあるが住んできた領域、民族の歴史より古くから存在する領域を持つ、カザフ民族のことである。[1]

（1）カザフスタンの歴史を、独立後の同国で進行中の最新の研究に合わせて提示するため、最近書かれた作品のうちとくに以下のものを挙げておく。S・G・クリャシュトールヌイ／T・I・スルタノフ『カザフスタン―三千年の年代記』、アルマ・アタ、一九九二年。S・アスフェンディアロフ『カザフスタン史』、アルマ・アタ、一九九三年〔これは一九三五年の本の復刊〕。M・K・コズバエフほか『カザフスタン史』、アルマトゥ、一九九三年。K・M・バイパコフ／B・E・クメコフ／K・A・ピッシューリナ『カザフスタン中世史』、アルマトゥ、一九九六年。Zh・O・アルトゥクバエフ『カザフスタン史』、アスタナ、一九九九年。M・D・シャイメルデノヴァ『カザフスタン史』、アルマトゥ、一九九九年。

乱暴に扱われてきたがこんにち権力を取り返し、他と分けあわなければならない過去を「時を遡って自分のものに」しようとしている文化と、かつて支配的であったが新しい政治的現実と妥協しなければならない文化のあいだには、構造的な無理解がある。しかしそこから、市民の平和を保つのに不可欠なコンセンサスが現われなければならない。

カザフスタンの歴史は、遊牧的自由に対する近代世界と定住民的イデオロギーの勝利、口承文化に対する文字文化の勝利の歴史である。しかしこの歴史の独自性は、柔軟さ、適応力と記憶によって先祖の遺産の一部を守ってきた土着の人びとの、驚くべき資質に由来している。この同じ人びとが、歴史的事情で同国人となった他の人びとと妥協する能力を発揮することで、カザフスタンの歴史は永続性を獲得するであろう。

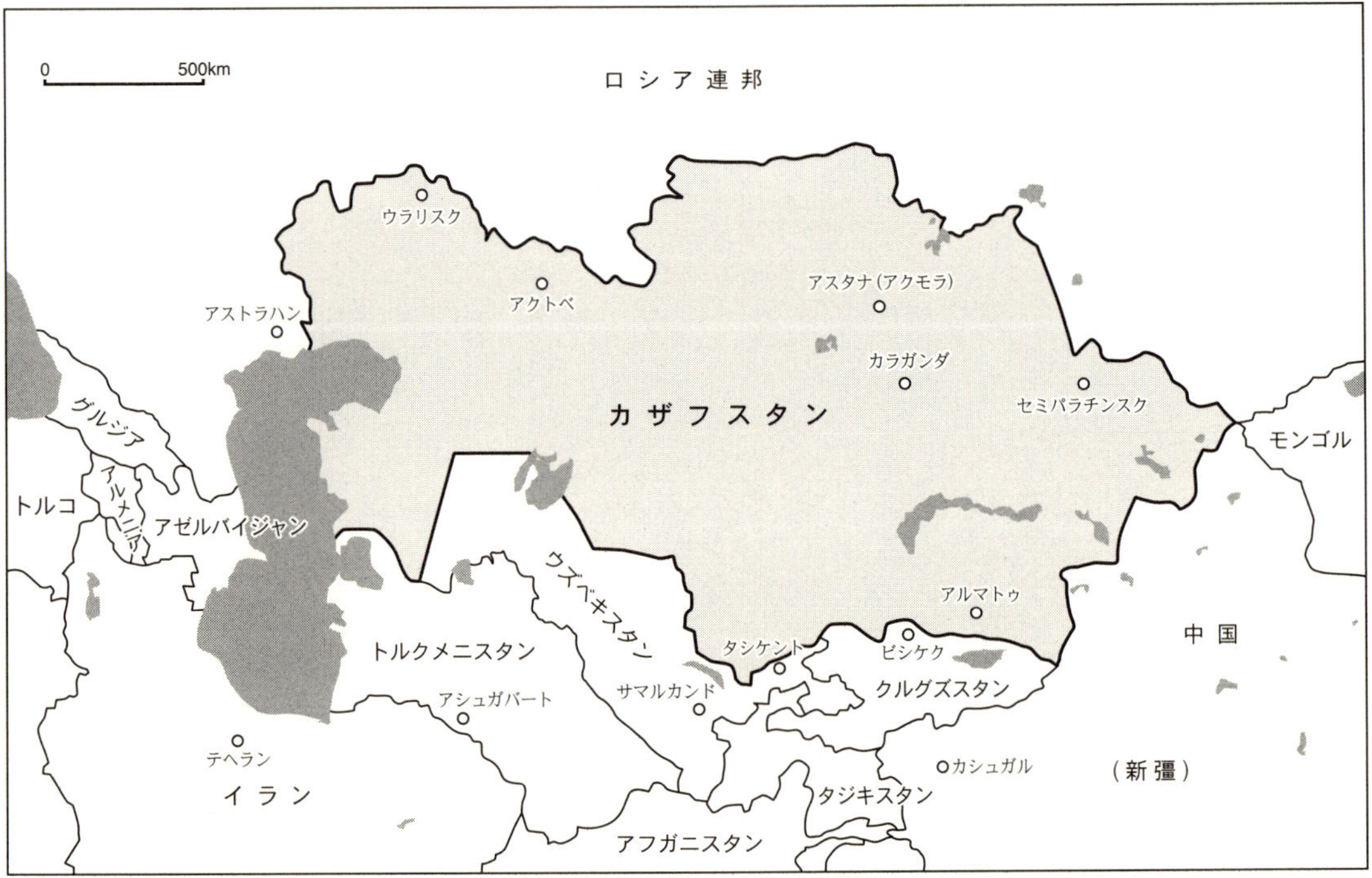

ソ連崩壊後のカザフスタンと諸隣国

第一部　カザフ空間とユーラシア

I　自然地理学的概略

カザフスタンはユーラシアの心臓部に位置し、大西洋からも太平洋からも、インド洋からも北氷洋からも等しく離れている。フランスの五倍の広さを持つ現在のカザフスタンの領域は、一万五〇〇〇キロメートルの国境に囲まれるが、そのうち三〇〇〇キロメートルは、カスピ海とアラル海の岸から成る。ロシアと歴史的な長い国境（六八四六キロメートル）を共有し、中国とのあいだには、アルタイ山脈から天山山脈のハン・テングリ山まで一六〇〇キロメートルの国境がある。南では、クルグズスタン（キルギス）と一〇五一キロメートル、トルクメニスタンと三七九キロメートル、ウズベキスタンと二二〇三キロメートルの国境を接する。ウズベキスタンの首都タシケントは、カザフスタン南部国境から数十キロメートルしか離れていない。国土の著しい大陸性、広大さと他国に囲まれていることは、カザフスタンの気候と経済的・国民的潜在能力に深く影響するであろう。

カザフスタンは、東西三〇〇〇キロメートル、南北一七〇〇キロメートルの広大な平原である。北から森林ステップ地帯、乾いた草原のステップ、肥沃なチェルノジョーム（「黒土」を意味するロシア語）と続き、半沙漠を経てアラル海北方で沙漠になる。西ではアラル海・カスピ海周辺の低地に向かって高度が低くなっていくが（マングスタウ半島にはマイナス一三二メートルの地点がある）、東では山麓の灌漑地と中国国境沿いの高山（アルタイと天山）に縁取られる。

この空間は、山脈の独特の環境を除けば、真ん中で緯線に沿って二つのおもな自然地域に分けられる。これは、北のオビ川流域と南のアラル海・カスピ海流域の分水界に一致する。カザフスタンには八万五〇〇〇以上の川があり、そのうち二三は五〇〇～一〇〇〇キロメートルの長さを持ち、三〇五は一〇〇～五〇〇キロメートル前後、残りは一〇〇キロメートル以下である。川がとくに多いのは、アルタイ山脈、アラタウ山脈、イリ川の地域である。主として数多くの氷河に源流を持ち、大半は夏には完全に干上がる。また四万八二六二の湖があり、その一つは東部のバルハシ（バルカシュ）湖である。

気候は非常に大陸的で、気温の較差が大きく（最高プラス四〇度、最低マイナス四〇度）、降水量は年間を通して少ない（南部の平均降水量は年間二五〇ミリ。北部は三五〇ミリで八〇パーセントが夏に集中する。旧首都アルマトゥでは六二九ミリ）。春播き穀物の栽培が可能で、カザフスタンはソ連の主要な小麦生産地であった。ここはまた牧畜に最適な地域であるが、家畜総数はスターリン時代に減少し、その後も一九一四年の水準を回復していない。北部では牛の、南部では羊の飼育が盛んである。現在の首都アスタナ（旧アクモラ）が位置するカザフスタン中部では、一年に平均一二〇日間雪が積もる。

地下資源は非常に多様で、主要な鉱石、希少金属、多金属や非鉄金属の鉱床がある。有名なエキバストゥズとカラガンダの石炭、カスピ海地域の石油・ガス、コスタナイの鉄鉱石、ジェズカズガンの銅、それに鉛、亜鉛、クロム、アルミニウム、マンガン、チタン、錫、ウラン、カドミウム、マグネシウム、金、銀、硫酸塩が、メンデレーエフの周期表に載っている元素をすべて持つことを自賛するこの国の、重要

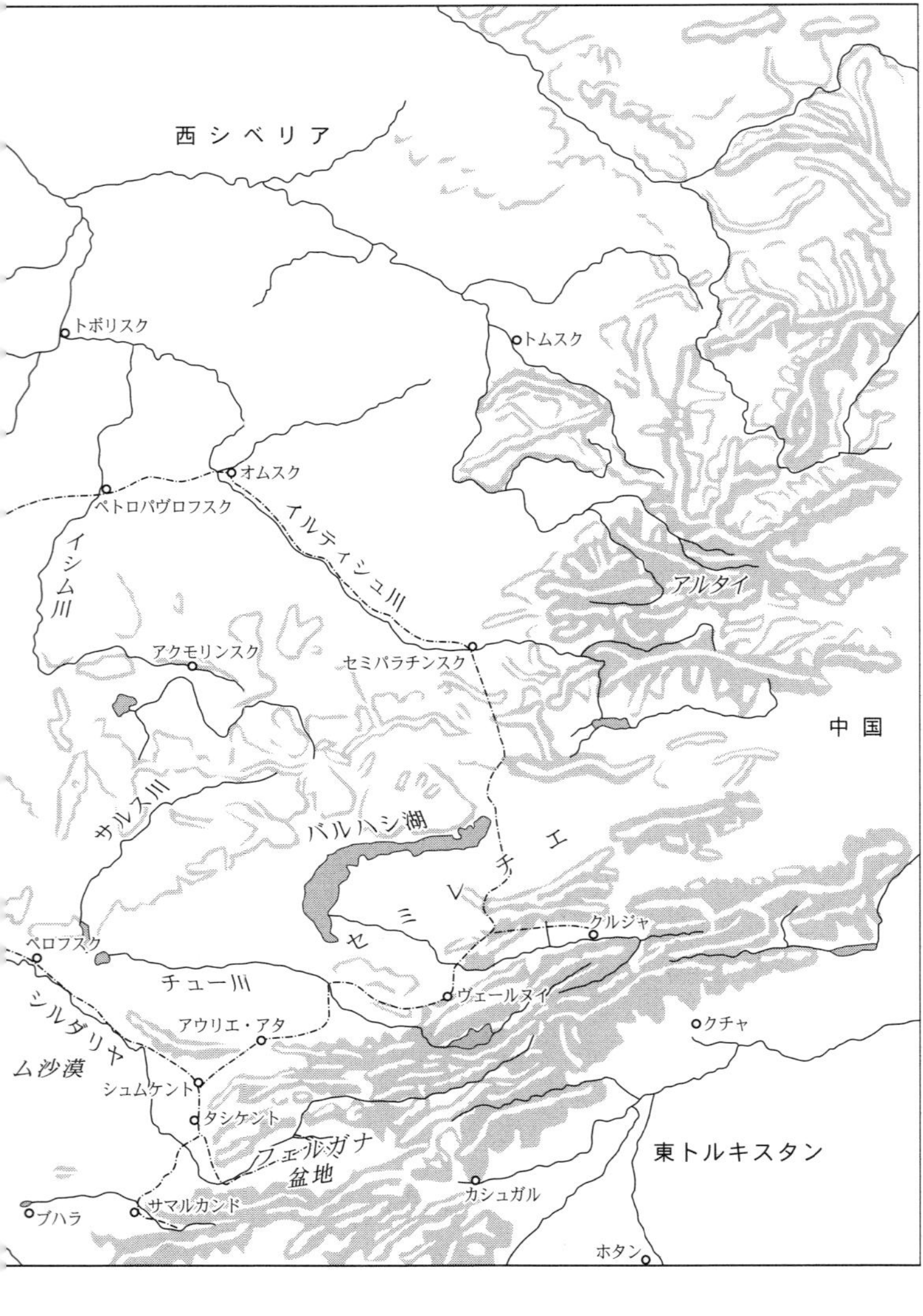
西シベリア
トボリスク
トムスク
オムスク
ペトロパヴロフスク
イシム川
イルティシュ川
アルタイ
アクモリンスク
セミパラチンスク
中国
サルス川
バルハシ湖
セミレチエ
クルジャ
ペロフスク
チュー川
ヴェールヌイ
シルダリヤ
クチャ
アウリエ・アタ
ム沙漠
シュムケント
タシケント
東トルキスタン
フェルガナ盆地
カシュガル
ブハラ
サマルカンド
ホタン

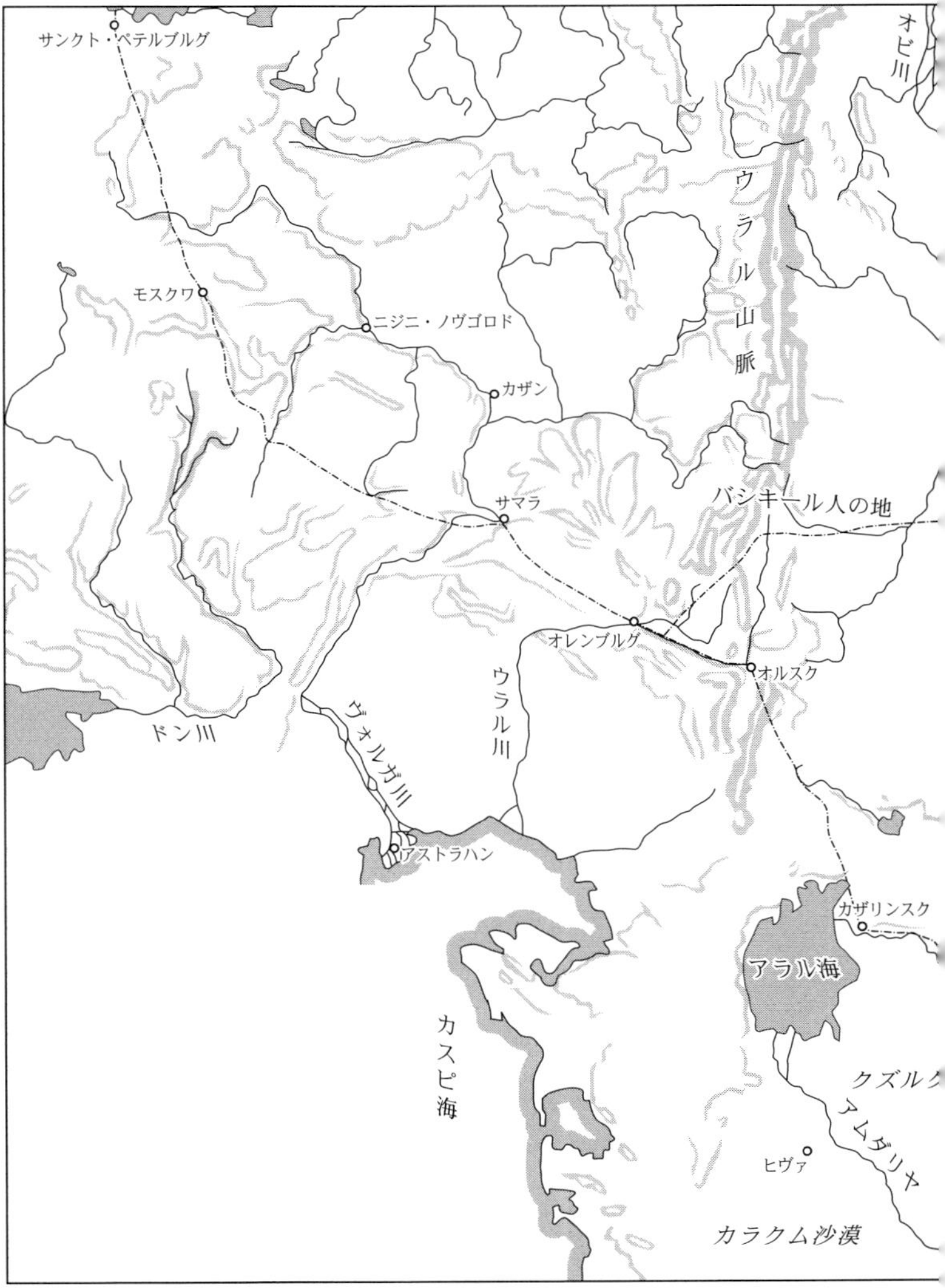

カザフ草原と隣接諸地域
(「オレンブルグからサマルカンドへ　1876～1878年」『世界旅行』誌（1879年）を参照)

な切り札となっている。

ロシア連邦共和国とウクライナについで第三位の経済力を持つことになるこの共和国の工業開発は、北部と中部、資源採掘地域、化学・石油化学・製鉄・機械・繊維工業の中心地と火力発電所・水力発電所の周りで展開された。工業開発は、物の流れをおもに隣接するヴォルガ、ウラル、シベリア地域に向けさせ（一九八〇年代には移出の四〇パーセントを占めた）、カザフ空間の凝集力を弱める効果を持った。また、経済的、社会的、政治的、民族的に深刻な結果をはらむ産業部門間・地域間のまとまりのなさを生んだ（一九八〇〜八五年に移出超過が七〇パーセントに達した通商の不均衡、最終生産物における全面的な共和国外への依存、南部へのエネルギー供給のウズベキスタンとクルグズスタンへの依存、労働力の適正化の問題、重要な部門における非カザフ人の優勢、そしてソ連としては異例の一七〜二三パーセントの失業率）。フルシチョフによって一九五四年三月に始められた、処女地を穀作のために開発するというきわめて費用のかかる計画は、共和国の北部と南部の決定的なコントラストを完成させることになった。[1]

（1）ソ連時代末期のカザフスタンの地形と産業インフラストラクチャーの描写として次を参照。J・ラドヴァニー『ソ連──地域と民族』、マソン社、一九九〇年、二一五〜二三〇頁。

Ⅱ　人文地理学的データ

一九八九年に行なわれたソ連時代最後の国勢調査によれば、カザフスタンの人口は一六四六万四〇〇〇人に上り、そのうちカザフ人が三九・七パーセント、ロシア人が三七・八パーセント、ドイツ人（ヴォルガ出身で、一九七九年には九〇万人）が五・八パーセント、ウクライナ人が五・四パーセント、タタール人、ウズベク人が各二パーセント（三〇万人以上）、ウイグル人、ベラルーシ人が各一・一パーセント、朝鮮人が〇・六パーセント（一〇万人）、アゼルバイジャン人が〇・五パーセントであった。いくつかのムスリム民族の小グループは、行政上の地位を与えられていないにもかかわらず、独自性を保っていた。たとえば新疆出自のウイグル人と、ドゥンガン人、つまりスンナ派のハナフィー法学派に属する中国ムスリム（回族、一九七九年に二万二五〇〇人）は、ソ連の対中国政策に使われた二つの少数民族である。彼らはこんにち、カザフスタンと中国の関係のなかで決定的な存在となっている。

カザフスタンの人口密度はソ連で最も低く、一平方キロメートル当たり六・一人であった。都市住民の割合は一九八九年に五七パーセント（ロシア連邦共和国では七四パーセント）、一九七九年には五四パーセントで、おもにロシア人やその他の外来民族から成っていた。全体の出生率は一九八九年に二三パーミルで、カザフ人の自然増加率はロシア人よりもやや高い。カザフスタンは、その現代史の事情ゆえに、ソ連中央アジアでは唯一、共和国の名のもとになった民族が過半数を占めていなかった。「カザフ人マイノリティ」が四〇パーセントに達し、三八パーセントに落ちたロシア人マイノリティを追い越したのは、八〇年代末になってからである。

人口学者M・タティモフによれば、一九九五年七月一日に、全世界のカザフ人の数は一一九七万八〇〇〇人に達したと見られる。そのうち七七七万二〇〇〇人がカザフスタンに、一五〇万人が中国に、七五万人がロシアに、一五万五〇〇〇人がウズベキスタンに、一〇万人がトルクメニスタンに、一〇万人がモンゴルに、四万五〇〇〇人がクルグズスタンに、三万人がアフガニスタンに、二万五〇〇〇人がトルコに、一万二〇〇〇人がイランに、一万人がタジキスタンに住んでいた。一九九七年一月一日の人口推計によれば、カザフスタンには一二八の民族がおり、そのうち主なものの人口は以下の通りであった。

カザフ人	八〇三万三四〇〇〇人〔七九八万五〇三九人〕(1)
ロシア人	五一〇万四六〇〇〇人〔四四七万九六二〇人〕
ウクライナ人	七二万三〇〇〇人〔五四万七〇五四人〕
ウズベク人	三五万八〇〇〇人〔三七万六六三人〕
ドイツ人	三〇万三六〇〇〇人〔三五万三四四一人〕
タタール人	二七万七六〇〇〇人〔二四万八九五四人〕
その他	一六二万五〇〇〇人〔九六万八三五五人〕
合計	**一六四二万二五〇〇人〔一四九五万三一二六人〕**

(1) 以下、〔 〕内に一九九九年国勢調査の結果を付記した〔訳注〕。

この推計総人口と、一九八九年に記録された数字の差は、ソ連崩壊以降ロシア語系住民がロシア連邦に多数移住したことによって説明される。カザフスタンは、旧ソ連で唯一、移入・移出人口の差がマイナスになっている共和国である。[1] カザフスタンからのスラヴ人の逆流出は一九七〇年代に始まったが、一九九〇年以降ますます増大した。一九九八年八月当時、アルマトゥのロシア大使館領事部では、ロシアへの移住のために毎月約二万のロシア・パスポートが発行されていた。他方、ロシアやその他の国からカザフ人がカザフスタンに戻る動きも強まっている。これは、共和国に名を冠する民族を短期間のうちに絶対的多数派とし、強化しようという政治的意図の表われである。

（1） 実際には人口の移出超過は、一九九〇年代にロシア以外の多くの旧ソ連諸国で見られた現象である〔訳注〕。

カザフスタン共和国は、ソ連崩壊時の状態では一九の州から成り、自治共和国・自治州等は持っていなかった。一九二九年から一九九七年十二月のアスタナへの遷都まで首都であったアルマ・アタは、一九九三年アルマトゥに改名され、人口は一〇〇万人を超えている。一九九七年春、州の数はアルマトゥ市を含めて一五に減らされた。過去二世紀のあいだに繰り返し区分されてきたこの広大な領域の内部境界は、おもに経済的・政治的理由によって再び編成し直されたのである。

広大なステップ、山麓と、水の豊かな山地から成る独特の自然環境は、遊牧民と呼ばれる大部族連合が発達するために充分な資源を提供した。これらの部族連合は、幾多の世紀にわたって「壮大な政治的・社会的機構」（X・ド・プラノール）を構成したのである。

第一章　カザフ人登場以前のカザフ空間

カザフの空間は、カザフ人登場以前にも、限られた意味でではあるが現実に存在した。目に見えないキャラバン・ルートの束が縦横に走り、さまざまな世界をつなぐ、渇望の的であるステップ空間という領域は、何よりもまず、通過の場であり移住の中心点であった。その内部でイラン・スキタイ系諸族の集住地域が形成され、そのあとをテュルク系の諸連合が継いだ。そこは、将来のカザフ人の空間である遊牧中央アジアの北部の基盤となった。

間もなくいくつかの町が、大陸のなかのこの広大な地域に点々と現われて、人を引きつけるとともに保護する場となった。このことは、遊牧民と定住民の本然的対立という通念を否定するものである。ステップの先史時代と有史時代は、町とそれを取り囲む広大な空間のあいだの、不可欠かつ騒然とした対話を説きあかしている。

I　先史時代から有史時代へ

最近二〇年間の考古学研究は、ユーラシアのステップおよび半沙漠地帯に、石器時代の多数の野外遺跡を発見した。それらはカスピ海の岸辺、トルキスタンの沙漠、モンゴルとシベリアのあいだに散らばっている。確認されている限りでこの領域に最初に人が住みついたのは前期旧石器時代に遡り、八〇万年近く前、さらには一〇〇万年前のことである。後期旧石器時代（紀元前三万五〇〇〇〜三万年から一万二〇〇〇〜一万年）のあいだに、この地帯では住民の広範な移動と、最初のエスニックな分化が起きた。

紀元前四千年紀に始まる新石器時代は、他の地域でもそうであったように、カザフ草原に人が住みつく歴史において決定的な転機であった。この時代は現在、カザフスタン西部（アトゥラウ）で発見されたケルテミナル文化に属する遺跡群によって知られている。中央アジアのステップと沙漠のかなりの部分を含んでいたこの文化は、狩猟民と漁民のあいだ、ステップ南西部の人間集団とウラル、西シベリアの住民のあいだの交流の増大を証明している。

定住民地域の中心を起点として形作られるこの「南北」の幅広い交流システムと並行して、この空間は、それを特徴づける気候的・地形的条件に最も適合した独特の経済発展のタイプを生みだすことになった。すなわち季節的な移動を伴う遊牧であり（X・ド・プラノールの理論によれば、農業の中心の発生は動物の家畜化より先行した)、その移動ルートは主にやはり南北の方向に走っていた。この地帯は、歴史を通して、政治的同盟の伝統と断絶のバランスを形成する季節的なルートが通る場となり、また通過ないし征服の場ともなった。

カザフスタンで農業が生まれたのは紀元前三千年紀の終わりであり、これはトルクメニスタン南部の場合よりも三〇〇〇年近く遅かった。青銅器時代は紀元前十八世紀頃に始まり、この時代にはシベリアとカザフ草原、低地中央アジア(1)のそれぞれ一部を含む空間でアンドロノヴォ文化が発展した。この名は、クラスノヤルスク州に位置する村の名に由来する(一九一三年にB・V・アンドリアノフによって初めて発掘された)。この文化を代表するものとして、カザフスタン中部で三〇の遺跡と一五〇の墓が発掘され、北部と西部には八〇の居住地跡と九〇の墓があり、東部のアルタイとイルティシュ川・ブフタルマ川・クルチュム川沿岸にも遺跡がある。また南部ではセミレチエ的変種として、岩壁画や、埋葬に関わるさまざまな伝統の並存が見られ、カラタウでも遺跡が発掘されている。

(1) 本書での「低地中央アジア」は、おおむね現在のウズベキスタンとその周辺の地域を指すものと思われる〔訳注〕。

アンドロノヴォ文化は、家畜の飼育(牧畜)と、犂《すき》という決定的な発明品を使うようになった農業との共生をもたらしたことで知られている。家畜の動員と多様化(馬、駱駝、羊の導入)によって、この文化は、限定的な移動を伴う遊牧の誕生において決定的な一段階となった。ステップの東部・中部では冶金が導入され、また遠く離れた地域のあいだで経済的・文化的交流が増え、住民たちは余剰生産物を売ることができるようになった(調理用のかまどとろくろの発明)。シルクロードの原型が生まれ、ステップの空間はのちにそのなかで北側の部分を構成することになる。

アンドロノヴォ文化を担った人びとの宗教的表象は、考古学が明らかにするところによれば、この地域においてその後永く続くことになる特徴を例証している。つまり地元の信仰と外来の信仰（火の崇拝、ミトラ信仰、畝に最初に犂を入れる儀式など）を同化させる傾向が強く、中央アジアのステップと沙漠は、古い世界の信仰を保存する場所となるのである。

青銅器時代の終わりと同時に起きた、インド・イラン系の人びとの南北の大移動は、新しい民族文化集団の形成をもたらし、南部オアシスの住民構成を更新した。紀元前一千年紀中頃に鉄器時代が始まると、人びとが集住する場所、村、墓やクルガン（墓を中に納める土墳）が増え、この空間に住む人びとに関する最初の文字史料が現われた。

ソグド人とバクトリア人の北に位置する領域に住む人びとについて書かれた最も古い情報はアヴェスタのなかにあり、そこでは彼らは「早馬に乗ったトゥーラたち」という名で現われる。ペルシアの碑文は、彼らをサカと呼ぶ。ヘロドトスは紀元前五世紀に著書『歴史』のなかで、カスピ海の東方に広大なステップがあることに言及し、そこに住むさまざまなスキタイの部族を描写した。この事実は、ヤクサルテス（シルダリヤ）の向こうに住む無数のスキタイ諸族について語った大プリニウス（紀元後一世紀）によって確認された。これらの諸族のうち最も有名なのは、マッサゲタイ、イッセドン（カザフスタン中部）、ダーイ、アリマスピであった。中国史料も同様に、紀元前一千年紀のあいだに、遊牧諸族を主役として起きたステップの政治的諸事件に言及している。

ユーラシア・ステップにおける遊牧の出現は、居住条件の悪い領域で人間集団が生態環境に適応する能力を示す顕著な例である。そして長期的に見ると、ステップ空間は、隣人である定住民の基盤との対決と、外部に中心を持つ諸帝国への併合を繰り返し経験することになる。

Ⅱ 最初の定住民帝国

中央集権的な大帝国の形成過程が始まったのは、紀元前六世紀初めのことである。そのなかで中央アジアの空間を最初に服従させようとしたのは、アケメネス帝国である。

中央アジアのステップと沙漠は、古代以来しばしば、南部（ホラズム、トランスオクシアナ、ホラーサーン）と北部（現カザフスタン）の二つの政治的・文化的影響圏に分けられてきた。前者はアケメネス朝期以来、古代・中世中東の多くの大規模な政治システムの辺境地域を構成してきた。後者は何よりもステップの政治に参加し、また移住の無尽蔵の源となる、より東方の空間を揺さぶる激動に関係した。

したがって、アケメネス朝領の北に位置し、その支配を免れたステップ地帯には、多くの共通点を持つ文化が発展した。その共通点とは移牧であり、また弓術、馬乗りのためのズボン、乗馬技術における重要な進歩を示す鐙、そして何よりも中央ヨーロッパからシベリアにかけて普及していた動物意匠の美術であった。

アルマトゥの東五〇キロメートルに位置するイッスィク（エシク）のクルガンは、この時期の考古学遺跡で最もよく知られたものである。まさにここで、一九六九年に有名な「黄金人間」が発見された。紀元前五世紀の、金の板で作られた鎧に覆われたこの十七、八歳の若者は、こんにちカザフスタンの国民的遺産の花形の一つとなっている。

次の時代を彩ったのは、アレクサンドロス大王（東方世界の最も著名な人物）の兵士たちに対するスキタイの戦いであった。大王は紀元前三三四年の春、アケメネス帝国の征服に着手し、ギリシアとペルシアの融合帝国という新しい概念を作りだした。この帝国は、先行する二世紀のペルシアの影響に加えて、ギリシアの影響を二世紀のあいだ低地中央アジアに与えることになる。

Ⅲ　最初の草原帝国の周辺で——サルマタイ、烏孫、康居

紀元前三世紀の初め、カザフ空間はその論理を変えた。匈奴（フンと同族ともいわれる）、ないしモンゴル北部起源の原テュルク人が構成する最初の草原帝国の形成によって引き起こされた、人口の西方移動の余波を受けたのである。このアルタイ諸族の連合は、南方の中国人（彼らに対する防備のために万里の長城を建てた）と西方のイラン・スキタイ諸族に強い圧力を与え、後者は西洋への逆流を余儀なくされる。十五世紀に至るまで経済的枢軸として存在することになる「シルクロード」の形成が見られたのも、こ

の時期（紀元前二世紀）のことである。

ステップでは新しい部族的構成体がスキタイ連合の後を継いだ。そのなかで特筆に値するのは、西方・南方（ドン川からエンバ川まで）に住み、スキタイの領域を荒らしまわってパルティア帝国の国境にまで至ったサルマタイと、東方の烏孫である。紀元前一六〇年頃、烏孫の一部はセミレチエに住みついた。遊牧民だがとくにイリ川、チュー川、タラス川の河谷では農業も営んだ彼らは、中国人の描写によれば、眼が青く髭は赤い人びとであった。彼らと外交・婚姻関係を結んだ中国人たちは、彼らの人口を六三万人と推計した。彼らは馬、駱駝、羊を飼っていた。その首都（赤谷城）は要塞に囲まれ、イッスィク（ウスク）湖の岸に位置していた。彼らの足跡は紀元後三世紀までたどることができる。

烏孫の西、シルダリヤ中流には、カングル（康居）という名を持つ遊牧部族集団が成立した。これはすでに紀元前二世紀に書かれた文書で証明されている。彼らの根拠地は卑闐市とされている。彼らの起源は不確かだが、イラン・スキタイ系の子孫と考えられることが多い。

紀元前一三九年、中国皇帝の武帝は、張騫の率いる外交使節を西方へ派遣した。使節は康居の存在と、彼らが大きな軍隊を持っていること（六〇万人の住民に対し約一〇万人の軍隊と推計）を確認して、一三年後に戻ってきた。康居は中華帝国、パルティア帝国、ローマ、および月氏に由来するクシャーン帝国と関係を保っていた。

紀元後一世紀前半になると、中国はシルクロードの管理権を匈奴から奪った。中央アジアにおける中国の覇権は、八世紀なかばのムスリムによる征服まで続くことになる。

その後に続く時代には、十一世紀に至るまで、テュルク系ないしイラン系起源の諸政権がかわるがわる現われた。クシャーン朝は、オクソス（アムダリヤ）の南に成立した月氏の支族であるキダーラの襲撃によって破壊された。(1) 続いて四世紀には白フンないしエフタルの連合が成立した。クシャーン王国を破壊したのは彼らだといわれる。エフタルが一つの民族なのかグループなのかはわからないが、彼らについてはビザンツ、キリスト教、アルメニア、中国、およびアラブ・ペルシアの史料を通して多くの情報が得られている。

（1）一般的な理解では、クシャーン朝自体が大月氏の王国であり、キダーラはクシャーン朝がサーサーン朝の攻撃などにより崩壊したのちにその一族の者が建てた王朝である〔訳注〕。

アジアの大帝国が政治的に領域を切り分けあうに際して、さまざまな住民が混ざりあうのに恰好の場所であったカザフ空間は、したがってステップの諸帝国の建設と崩壊の中心に位置していた（紀元前八〜三世紀のスキタイ諸連合、紀元後一〜六世紀のフン帝国とエフタル帝国、五五二〜七〇四年の突厥可汗国、七〇四〜七五四年のテュルギシュ可汗国、七六六〜九四〇年のカルルク）。

この時期の終わりには、一方ではこの領域の決定的なテュルク化が起き、他方ではステップの周縁において定住民大帝国の誕生ないし絶頂が見られた。中国の唐、アッバース朝のカリフ国家、キエフ・ルーシは、全ユーラシアにおける遊牧民の移住の連鎖反応を抑制し、現カザフスタンを遊牧民の集住地としていくことになる。

Ⅳ　突厥可汗国からテュルク系諸連合の交替へ

「テュルク」というエスニックな名称が初めて言及されたのは、五四二年の中国の史料に遡る。そこではテュルクは匈奴の子孫と考えられていた。のちには、モンゴルとオルホン河畔の石碑にルーン文字に似た字で刻まれた碑文が、古代テュルク人の記憶を記した。一七二〇年以降に発見されたこれらの碑文は、六世紀から十二世紀にわたる数百の碑文の一部をなしている。

中国の歴史書は、テュルクの起源に関する六世紀の伝説を伝えている。それによれば彼らの先祖は、「大きな沼のほとりに住んでいた」とき、残忍な敵の襲撃を受けた。手足を切られた十歳の子どもだけが生きのびて雌狼に育てられ、その狼と結婚した。結局彼は殺されたが、多くの子孫を残すことになる。狼はトゥルファン（東部天山）北方の山のなかに隠れ、洞窟のなかで一〇人の息子を産んだ。孫の一人で阿史那という名の者が一族の長となり、自分の名前を一族の名とした。そしてその子孫がテュルク人としてアルタイ方面に移住することになる（クリャシュトールヌイ／スルタノフ『カザフスタン―三千年の年代記』、七七頁）。

この最初のテュルクの波に続いて、五五二年に突厥可汗国が形成され（～六三〇年）、中央アジア全域に勢力を広げたのち、西部と東部の二つに分裂した。六世紀から八世紀のあいだ、カザフスタンの領域にはいくつものテュルク系連合が居を定めた。北東部にはキマクとキプチャク、その南にはカルルク、バルハシ湖の南にはテュルギシュがおり、中部と南部は西突厥可汗国に支配されていた。「テュルク」または「テュルキュト」というエスニック名は、とくに隣のソグドや、ビザンツの人びとのあいだでよく知られるようになった。

五五二年に突厥の首長ブミンは、「可汗」という称号（独特の権力の哲学を含意する）を名乗った。彼は、カザフ草原の一部を包含していくテュルクの最初の政治機構である突厥可汗国を建てた。彼は五五三年に死んだが、彼の後継者ムカン可汗（五五三〜五七二年）は、勢威を朝鮮半島から黒海まで広げる国家を建設した。この国の南の境はアムダリヤであり、対岸の隣国、サーサーン朝と接していた。両者の関係は、イランとトゥランの対立として繰り返し描かれることになる。

このような事情は、中国人が中央アジアを自分の勢力圏の一部と考えることを妨げなかった。また互いに遠く離れたオアシス都市のなかには、ソグドの王公が保持する地方権力が存在し、その臣下の一部は如才ない国際商人たちであった。テュルク人の支配者たちはといえば、キャラバン交易から税を徴収し、国境を監視していたのである。

厳密な意味での中央アジアの最初のテュルク国家である西突厥可汗国は、六〇三年から七〇四年まで続いた。その神経中枢は、カラタウ山脈とジュンガリアのあいだの烏孫の地を占める「十部族」（オン・オク・ブドゥン）から成っていた。可汗（土地全体を所有する軍事的首長で、その軍事的称号は柔然から受け継がれた）の冬の住居はチュー河谷のスイアブの町（砕葉。現在のトクマクに同定される）で、夏はトルキスタン市方面のミン・ブラクに向かった。この国が最大に拡張したのは、シェグイ可汗（六一〇〜六一八年）とその弟、トン・ヤブグ可汗（六一八〜六三〇年）の治下においてであった。この時代チュー河谷には、中国の僧、玄奘が六三〇年に目撃したように、テュルク人、ソグド人、ペルシア人が建設し住んでいた、少なくとも一八の重要な町と多くの小さな居住地があった。内乱（六四〇〜六五七年）と中国軍の圧力によって西突厥可汗国は領域的・政治的に弱体化し、テュルギシュの国に取って代わられた。

七〇四年は、チュー川とイリ川のあいだのセミレチエにテュルギシュが到来し、新しい可汗国（七〇四〜七五六年）を建てた年である。建国者はウチ・エリク可汗（六九九〜七〇六年）で、領土はシャシュ（のちのタシケント）からトゥルファンとビシュバリクまで広がり、各々七〇〇〇人の戦士を抱える二〇の地区に分けられていた。彼らの中心的な居住地はチュー河谷のスイアブ、のちにはタラズであった。彼らは中国人やアラブ人と戦ったことで知られ、その際、とくに七二八〜七二九年のソグド人の反ムスリム反乱のときに見られるように、ソグド人と連合を組んだ。そうしなければ彼らは、イスラームに改宗させようとする空しい試みの対象となったことだろう。

七〇四年の西突厥可汗国の崩壊ののち、テュルギシュのさらに後を継いで、七五六年から九四〇年までバルハシ湖とアルタイのあいだの地域に存在したのは、カルルク（彼らも阿史那の子孫である）の可汗国であった。

カルルクは最初、五世紀にブラクという名で現われた。アルタイとバルハシ湖東岸のあいだで遊牧しながら、彼らは東突厥可汗国と対抗して、ウイグル（中国人が高車、丁零、のちに鉄勒と呼んだ集団と関係）、バスミルと七四二年に軍事同盟を組んだ。その結果東突厥は敗れ、ウイグル可汗国（七四四〜八四〇年）

という新しい国家に取って代わられた。七四六年にカルルクはウイグルに打ち破られ、セミレチエに居を定めることを余儀なくされた。七六六〜七七五年に彼らはカシュガリアを占領し、フェルガナまで勢力を広げた。君主はジャブグ（ヤブグ）、八四〇年以降は可汗という称号を持った。首都はやはりスイアブにあった。カラハン朝はカルルクから生まれることになる。

テュルク系諸部族がかつてみずからの帝国のなかで果たした役割は、地方的な規模にまで縮小していった。しかしステップにおける覇権をめぐる戦いは、この「空白の領域」においてけっして長持ちしない政治的真空と一連の勢力再編との繰り返しのなかで、続いていくのである。

ステップのテュルク系諸族はおもに馬と羊を飼育し、天幕を運ぶために若干の駱駝を持っていた。天幕の存在は、紀元前一千年紀前半以来、「野蛮人」に関する中国の歴史書によって証明されている。彼らは、戦いの訓練を兼ねた狩猟によって生活していた。彼らの宗教的表象はタングリズムの名で知られ、彼らの多くに共有されていた。彼らは、天（タングリ）と地（イェル・スブ、地・水）に従っていた。そして、天は可汗に領土と正統性を与える。女神ウマイもまた重要であり、家庭と子どもの守護者である。ウマイ崇拝は、アルタイのいくつかのテュルク系諸族において十九世紀末まで保たれていた。古代テュルクは聖なる山、とくに先祖の洞窟があるハンガイ山脈を崇拝していた。また、スキタイのハープを彷彿とさせるカザフの楽器コブズや、動物意匠の美術のように、スキタイから受け継いだ借用文化の例がいくつかあるが、それに加えて仏教、ネストリウス派キリスト教やマニ教の若干の影響も見られる。セミレチエは、考古学が明らかにするように、諸宗教が混淆した場所として知られる。

V　イスラーム化の初期段階からモンゴルによる破壊まで（八〜十一世紀）

イスラームの預言者が六三二年に死んだとき、中央アジアは理論上は中国の保護下にあった。この地域は、非常に繁栄した小公国に細分されていた。それらの公国は、主として国境を管理する西突厥可汗国の君主に名目的に従属し、そして西突厥は、次第に弛緩する唐の宗主権のもとにあった。

トランスオクシアナへのムスリムの拡大が始まってから数十年のうちに、カザフ草原南部はイスラームのフロンティアとなった。その後の数世紀、テュルク系の諸連合は、彼らの集住地域であるアラル海北方のステップ地帯で再編を繰り返し、そして徐々にイスラームに改宗していった。

ステップ地域で始まったテュルク化の現象は、定住民地域の周縁部を通って、トランスオクシアナの心臓部に達し、イスラーム化を上回る力を持った。定住民国家の境界に近づいたテュルク系諸部族はイラン文化の強い魅力に敏感であったが、スンナ派イスラームを選んだ。それでも彼らはそこにテュルク的な重要な側面を付け加え、結局は広範にわたるバイリンガリズムと、信仰の共通性によって育まれたこの地域特有の共生関係を生みだすことになる。

預言者の最初の後継者たちの頃から企てられていた低地中央アジアの征服は、ウマイヤ朝（六六一〜七五〇年）のもとでようやく実現した。

ムスリム政権がステップの南方に樹立されるには数十年を要した。七一二〜七一三年には、ソグド人、フェルガナとシャシュの住民、およびテュルギシュから成る反アラブ軍事同盟が形成された。さらに七二三年には、テュルギシュとフェルガナのカルルク、およびシャシュの住民がイスラーム戦士に勝利した。アラブがテュルギシュを破ってブハラを奪回した（最初に攻め落としたのは七一二年）のは七三二年になってからのことであった。幾度にもわたる実りない戦いで弱体化したテュルギシュの可汗は、カルルクのアルタイからセミレチエへの移動（七四六年）を阻むことができず、七五六年に彼らの支配下に落ちた。並行して、中国人がタラズを七四〇年に、スイアブを七四八年に、シャシュを七四九年に占領した。カルルクがムスリム側に寝返ったために、中国軍がズィヤード・イブン・サーリフ将軍指揮下のアラブ軍に最終的敗北をこうむるのは、七五一年のタラス河畔の戦いを待たねばならなかった。

この日付はまた、武力による中央アジアのイスラーム化の停止を示すものでもあり、ウマイヤ朝の戦士たちはタラス川を越えることはなかった。八一二年のオトラル地域でのアラブの戦いと、八九三年のサーマーン朝のイスマーイール・イブン・アフマドとタラズのカルルクの戦い（このとき、町の教会はモスクに改造された）を除けば、イスラーム化はよりゆっくりとしたリズムで続けられた。この時期、地域で共存していた宗教潮流の大部分（ゾロアスター教、仏教、マニ教）は徐々に放逐されていったが、例外はユダヤ教、およびティムール朝期に至るまで維持されるネストリウス派であった。イスラーム化は、八七四年にイスマーイール・サーマーニー〔前出のイブン・アフマドと同一人物〕のもとで繁栄した、権威ある王朝の出現によって促進された。バグダードのカリフ国の周縁にあったこのサーマーン朝

（八七四〜九九九年）では、低地中央アジアのムスリム古典文化がダイナミックかつ念入りに作り上げられた。このテュルクとペルシアの実りある融合は、アラビア語、ついでペルシア語を支えとし、また科学、文学、詩、建築の発展をもたらした王族たちの庇護によって支えられていた。

この時代はアンシクロペディスト的な学者たちの時代でもあり、そのなかで最もよく知られた人物の一人が、アブー・ナスル・ムハンマド・イブン・ムハンマド・アル・ファーラービーである。新プラトン主義者の彼は、最も偉大なムスリム哲学者、数学者の一人であり、論理学者、物理学者、音楽家、作曲家、言語学者、詩人、偉大な人文主義者であった。八七〇年にシルダリヤ河谷のオトラルに生まれ、九五〇年にダマスカスで亡くなった。シャシュ（タシケント）、サマルカンド、ブハラとペルシアのいくつかの町で暮らしたのち、ムクタディルのカリフ在位中（九〇八〜九三二年）のバグダードに居を定めた。九四一年からはダマスカスに住み、そこで『有徳都市の住民が持つ見解の諸原理』という、国家の起源と本質、社会的不平等に関する見事な作品を著わした。「第二の師」（第一の師はアリストテレス）と呼ばれる彼の肖像は、現在のカザフスタンの紙幣に印刷されている。

十〜十一世紀、イスラームはテュルク系遊牧民にまで及び、次第に北上していった。それ以降、改宗の新しい形が現われた。サーマーン朝君主たちによって集められた志願兵・傭兵たちの改宗と、スーフィーによる遊牧民の改宗である（後述）。

Ⅵ　オグズ、キプチャク、キマク

アラブ人によってマーワラーアンナフルと呼ばれたトランスオクシアナの境界の先では、八世紀中頃に、カルルクによってセミレチエを追われたオグズの諸部族が、チュー河谷へ、さらには西方のアラル海の方向へと退いていった。彼らの首長はジャブグ（ヤブグ）という称号を用い、それによって、西方のテュルク諸部族全体を率いようという意志を示していた。

九世紀初め、彼らは康居・ペチェネグ連合を排除してシルダリヤ下流・アラル海沿岸地域を占領した。九世紀末にはハザルと同盟してもう一度ペチェネグと戦い、ヴォルガ川とウラル川のあいだの地に住んだ。ステップでの覇権を主張する他者に対するこの一〇〇年にわたる戦いから、オグズ（アラブ史料ではグッズ）連合が生まれた。これは政治的統合体に由来するが、アイデンティティの基準にもなっていった。

十世紀における彼らの首都はヤンギケントであり、中央アジアを東ヨーロッパとつなぐキャラバン・ルートの交差点に位置していた。オグズはユーラシアの地政学的歴史において大きな役割を演じ、九六五年にハザル可汗国と対抗するため、また二〇年後にはヴォルガ・ブルガル王国と対抗するために、キエフ・ルーシと同盟を組んだ。しかし十一世紀に入る頃には政治的不安定化と社会的対立の局面に入り、一〇四一年にホラズムに対する最後の勝利を飾った後は、分裂し新しい諸連合体に解消されていった。

オグズの首長アリー・ハンの統治期（十世紀後半）、セルジューク氏族の長たちはオグズの権力に反逆し、連合体を離れた。オグズの他の氏族の一部も彼らについていった。のちに彼らはサーマーン朝の領域と、とくにカラハン朝およびガズナ朝と争って得たホラーサーンを基盤にセルジューク帝国を建てるが、その歴史的・文化的影響力についてはもはや言うまでもないであろう。

オグズ諸部族の残りの部分はキプチャク連合の権力に屈し、西方ないし中央ヨーロッパに改めて展開した。一部はトランスオクシアナ東部に保たれていたカラハン朝の勢力範囲に吸収され、また他の一部は、カザフの民族起源の古層に入ることになるテュルク系のいくつかの地元部族と融合した。

より北方のカザフ草原中部と東部では、イルティシュ河岸からジュンガリアとセミレチエにかけて、キプチャクと類縁のキマク（マフムード・アル・カーシュガリーはイェメクと呼んだ）が九世紀初めに連合体を形成した。これは、タタール諸部族との同盟の結果でもあった（十一世紀のガルディーズィーによる）。彼らの君主は早くも八四〇年から可汗の称号を持ち、ステップにおける最高権威になろうという主張を明確にしていた。彼らの中心的な営地は、十二世紀に地理学者アル・イドリースィーが言及するように、イルティシュ河畔のキマキヤ（イマキヤ）に位置していた。

しかし間もなく彼らの勢威は色あせ、代わってキプチャクがイルティシュからヴォルガに至るまで領域を広げた。一〇四五年にメルヴでセルジューク朝のスルタン、チャグル・ベグに仕えた「テュルク問題」の専門家、ナースィリ・フスラウの発案のもとに、この地域はダシュティ・キプチャークという名前を得た。これは、アラブの地理学者たちによってそのときまで使われていたマファーザト・アル・グッズ（グッズの荒野）という用語を置き換えるものであった。キプチャクのハン国は一二一九年まで続き、その司令部はスグナクに置かれた。キプチャク（このエスニック名はモンゴルの突厥文字碑文に「テュルク」と並んで現われる）は、こうして十一〜十二世紀において最も数の多いテュルク系の血統集団となった。

VII　カラキタイ国家とイスラーム（一一三〇〜一二二〇年）

十二世紀初め、セミレチエ地域は、中央アジアのかなりの部分に力を及ぼすことになる政権の中心地となった。すでに新しいイスラーム的規範（とくに、地所の寄付のシステムであるイクター制[1]）が取りいれられていた中央アジアを、イスラーム化以来初めて非ムスリム王朝が支配したのである。この時期、「不信仰者の政権」によって揺るがされた信仰の実践を控えめな形で守るスーフィー的感性が姿を現わした。モンゴルの征服の前触れとなった、この最初の非ムスリムによる侵略の結果、支配下の住民は自然に「より内面的な」イスラームへと逃避していった。スーフィー的イスラームはその実践形態のために人気があり、またその教えの伝達によって精神性を備えていた。そのとき以来、イスラームへの改宗は少しずつ、とくに一一六六年のアフマド・ヤサヴィーの死後、遊牧地域で広く見られるようになった。

（1）地所の寄付は正しくはワクフという。イクター制は軍人に対する徴税権ないし土地の分与を意味する〔訳注〕。

モンゴル起源の中国化した人びとであるカラキタイ（契丹とも呼ばれる）は、中国語を話す仏教徒であり、九三六年から一一二五年まで北京を支配した。彼らが中国北部に作っていた王国が、一一二五年にツングース起源のアルタイ系女直族によって征服されたとき、カラキタイは西方に避難所を求めた。ゴビ沙漠を越えて、彼らはウイグルのもとにたどり着いた。そしてカラキタイの王族、耶律大石は王位を宣言し、首都をバラサグンに定めた。一一四一年にはブハラ市をカラハン朝から奪った。仏教徒のカラキタイは、大半がイスラームに帰依していた現地住民と衝突せずにはいなかった。

このように、アラル海から南の地域における前モンゴル期は、アラブ・ペルシア文化の熟成によって特徴づけられた。この文化は、ステップの方向に政治的圧力と文化的引力を及ぼしながら、スンナ派イスラームによって獲得されたテュルク系の構成要素を統合するに至った。以後、カザフの領域はイスラームの最後のフロンティアとなった。シャーマニズム、すなわちタングリズムの信奉者である遊牧民は、農民のゾロアスター教や、仏教、宣教修道僧のネストリウス派と接触していた。この領域では部族集団が出現・解体し、その一部は南の定住民地域に移住して、イスラームに改宗した。モンゴルによる征服で事態は急変し、中央アジア史上初めて、ステップ地域とマーワラーアンナフルは、同一の政権の論理のなかで持続的に均質化されていくことになる。

第二章　多様性の少ない遊牧世界——諸オルダ

十三世紀初め、カザフの領域は、空前絶後の巨大ステップ帝国であるチンギス・カン（一一五五?～一二二七年）[1]の帝国に吸収される。

（1）第一部第一・二章で人名の後の括弧内に記されているのは多くの場合在位年だが、ここと後出のティムールの場合は生没年である。また、第三章で括弧内に記されているのは生没年である〔訳注〕。

I　モンゴルによる征服とその結果

一二〇六年、テムジンは諸部族の大集会「クリルタイ」を開き、みずからをフェルトの天幕に住むすべての者の至高のカンと宣言し、チンギス・カンと名乗った。これは、対外征服の着手に先立つ、政治的・領域的実体としてのモンゴル・ウルスの誕生であった。モンゴル人はエニセイ・クルグズを支配下に置いたあと、一二一八～一九年、イルティシュ川沿いにカザフ草原東部に侵入し、三翼に分かれた。

オトラルに息子のチャガタイとオゴデイを残して低地中央アジアに入り込んだチンギス・カンは、末子トルイとともに、ホラズム・シャー、ムハンマドの脆弱な王国を攻撃した。ブハラとサマルカンドは一二二〇年に占領された。息子のオゴデイを正式の後継者に指名したうえで一二二七年八月十八日にチンギス・カンは亡くなった。以後半世紀のあいだ、帝国の分割は回避された。西洋の歴史学ではこの時代を「モンゴルの平和」と呼んでいる。

中央アジアにおけるモンゴルの遺産の複雑性は、カザフの領域だけでもチンギスの四人の息子のうち三人（ジョチ、チャガタイ、オゴデイ）の封土に分割されたという事実に由来している。最も若いトルイは、モンゴルの伝統に従って、故郷（狭義のモンゴルとモンゴル人の軍）に責任を負っていた。ステップの北西部はジョチに帰属したが、彼は父より六カ月早く亡くなったため、ジョチの次男であるバトゥが代わりに遺産を受け取った。

史書『チンギズ・ナーメ』によれば、チンギス・カン自身が、ジョチのウルス（所領）を三つのユルト、つまりバトゥの白オルダ、オルダ（オルダ・エジェン）の青オルダ、シバンの灰オルダに分けたらしい。これらのオルダの色と位置に関しては、こんにちに至るまで一致した見解がない。いずれにしても、ジョチの一四人（史料によっては一八人）の息子たちはバトゥに付き従った。ムスリム史料によればバトゥは、ヨーロッパ方面に位置したモンゴル帝国最西部の金帳汗国を支配した。その首都はアストラハンに近いサライであり、のちにはヴォルゴグラードの近くのサライ・ベルケに移った。

カザフ草原の南部と南東部は、その全領域でモンゴル法（ヤサ）を擁護したチャガタイのウルスの一部をなした。旧カラハン帝国は彼に割り当てられた。彼の子孫たちは、トランスオクシアナと、のちにはセミレチエをも統治した。セミレチエの北東部はオゴデイ・ウルスの支配下にあったが、両ウルス間の境界は明確化されていなかった。

Ⅱ　モンゴル帝国の分裂（十四〜十五世紀）

十四世紀にモンゴルの統一は次第に弱まり、その領域には再編された新しい国家構造が現われた。青オルダ、白オルダ、モグーリスタン、アブルハイルのハン国とノガイ・オルダである。同一の歴史プロセスが、のちにカザフ人、ウズベク人、クルグズ人、タタール人、ノガイ人という名を得ることになる多様な民族的・政治的結合体を含む、テュルク系の諸集団全体に関係した。

こうして、十四世紀と十五世紀の境目には、この地域全体の歴史発展にとって決定的な現象が生じた。同じような部族が入りうる安定した民族的・政治的圏域の統合である。このことは、これらの諸民族が現在取り組んでいるアイデンティティの内省を単純化するわけではない。

このプロセスは、この空間全体を覆っていたモンゴル政権の分解に由来していた。ここで特徴的なのは、ダシュティ・キプチャーク東部、セミレチエ、およびトルキスタンの控えの間であるカザフ草原南部から成る広大な領域における、遊牧生活と定住生活の融合である。このプロセスは同時に、チンギス・カンの子孫の至上性（ウルス主義）[1]の含蓄に由来するものでもあった。チンギスの子孫であることは、この地域で権力にたどり着くための正統性の、共通の源であった。それ以来ロシアによる植民地化に至るまで、カザフ空間を治めるすべての君主は、チンギスの子孫、ないしは子孫だと思われた人びとであり、政治は彼らの内部抗争を主調としていたのであった。

（1）いわゆる「チンギス統原理」を指すものと思われる〔訳注〕。

Ⅲ　青オルダ、白オルダ？

金帳汗国の影響力が次第に失われていった結果、青オルダ（キョク・オルダ）、ついでスグナクを中心とする白オルダ（アク・オルダ）が生まれた。これらの出現の問題は、それが何よりもジョチ・ウルスの分割を意味するという事実以外、完全には解明されていないが、次のような仮説を提示することができる。

歴史家ラシードゥッディーン（十四世紀）によれば、ジョチの息子の一人で軍の左翼を指揮していたオルダ・エジェンは、父の生前分封としてダシュティ・キプチャーク東部、セミレチエ北東部、それにイルティシュ川上流部からアラ・コル湖にかけての地域を、アク・オルダ、つまり白オルダの名のもとに受け取った（『チンギズ・ナーメ』の説とは異なっている）。一二四六年に金帳汗国を訪れた宣教師プラノ・カルピニは、オルダ・エジェンが弟のバトゥに上位を委ねることに同意したと断言している。かつまた彼の子孫たちは、みずからを金帳汗国のバトゥ・ハンの名目上の臣下と見なすようになる。ヤイク（ウラル）川、ウルグズ川、トボル川、サルス川近隣の地域、およびアラル海とシルダリヤ下流周辺のステップは、キョク・オルダ、つまり青オルダないし「右翼」として、ジョチの子シバンのものになった。アブルガーズィー（十七世紀）によれば、「ジョチの本営はダシュティ・キプチャークのキョク・オルダと呼ばれる場所に位置し」、これを息子のオルダ・エジェンが相続した。他方、一二六六〜六七年に金帳汗国のベルケ・ハン（彼はイスラームに改宗した）が死んだ後、彼の後継者モンケ・テムルは、白オルダの統治をシバンの子バハドゥル・ハンに託した。のちに、ジョチの第十三子トカ・テムルの子孫であるトクタミシュによって実現された、二つのウルスの合併に続く論争を経て、全体が白オルダの名を得た。その部分を構成したのは、ある者はモンゴル侵入以前に定着し、ある者はその後に到来したテュルク系のさまざまな集団、つまりキプチャク、ナイマン、ウイスン、アルグン、カルルク、ケレイト、カングル、コングラト、マンギトである。

こうして白オルダはエルゼンとムバラク・ホジャ（一三二〇〜四四年）というハンの政権のもと、十四世紀なかばまでに金帳汗国から実質的に独立した。その領域の広さは当時最大に達していたが、モグーリスタンという名前でチャガタイ・ウルスに入っていたセミレチエはそこに含まれていなかった。オロス・ハン（一三六一〜八〇年）もまたその影響力を強めた。白オルダがタメルラン（ティムール。一三三六〜一四〇五年）の金帳汗国方向への拡張主義的な意図と衝突したのは、この時期のことであった。ティムールは金帳汗国のトクタミシュ・ハンとモグーリスタンのハンを、自分に従属した存在と見なした。一三八九年、九一年、九五年のティムールによる金帳汗国への遠征は、白オルダの領域に大きな混乱を引き起こし、通商網を不安定化させ、白オルダを次第に弱体化させた。

Ⅳ モグーリスタン（一三四六〜一五一四年）

十四世紀中頃、チャガタイ国家は、西部のトランスオクシアナと東部のモグーリスタンに分裂した。一三四七年にトゥグルク・ティムール・ハン（一三四七〜六二年）が建てたモグーリスタンは、その存続期間中に国境が変化し、また住民の基本的な部分は次第にイスラームに改宗していった。

その最大版図は、トランスオクシアナのタシケント、トルキスタン両オアシス、北方のバルハシ湖とタルバガタイ山脈、セミレチエ、また南東では東トルキスタンのカシュガルまで及んだ。フェルガナ盆地東部にはアンディジャンの町が発展した。しかし一三三八〜三九年のあいだに猛威をふるったペストに加え、遊牧生活に対する都市生活の退潮が見られた。ティムールの攻撃を受けて、モグーリスタンは白オルダと共同で反撃に出るが、十五世紀前半にはその領域は小さな封建単位に分解され、またつねにティムール朝の王族たちに脅かされていた。

十五世紀後半のあいだ、モグーリスタンは次第に衰退していった。しかしその存在は、エスニシティ形成の実験場として、とくにモンゴル的論理の終わりからカザフ・ハン国出現への転換を確実なものとする大ジュズ（後述）の生成にとって、決定的な意味を持つことになる。

V　アブルハイルのハン国（一四二八～六八年）

一四二〇年代、白オルダがバラク・ハン（一四二三～二七ないし二八年）の奮闘にもかかわらず解体していくさなか、その領域の一角からアブルハイル・ハンのハン国が形成された。その領土は、西はヤイク川から東はバルハシ湖、北はトボル川中流とイルティシュ川、南はアラル海まで広がっていた。ハン国は白オルダと同様、テュルク系のさまざまな住民から構成され、その一部はのちに中ジュズ（後述）に入ることになる。このハン国は、超部族的な名称をとって、遊牧ウズベク・ハン国、またはウズベク・ハン国の名で知られる。

この国は中央集権的ではあるがいくつもの所領（ウルス）に分けられ、それらはすべてチンギス・カンの子孫の貴族に率いられていた。アブルハイルの治世は、白オルダを犠牲にしてウラルからトボルに至る南シベリアまでの拡張が行なわれた時期として知られる。アブルハイルは一四三〇年頃にホラズムの主要都市であるウルゲンチをティムール朝から奪い、それに続く一〇年間にシルダリヤの諸都市を得て、スグナクを首都とした。しかし彼の治世は、一四五七年にスグナク近郊でオイラトに敗れたときに転換点を迎えた。続いて臣下の一部が彼を裏切り、彼のもとには少数の部族しか残らなかった。過半数は、ジョチの子でバトゥの兄であるオルダ・エジェンの子孫[1]で白オルダ出身の王族、ジャニベクとケレイの導きのもと、アブルハイルを捨てた。彼らを引き止めようとしているあいだに、一四六八年、アブルハイルは殺された。新しい部族集団はカザフ（亡命者ないし放浪者）という名を得ることになる。アブルハイルのハン国はカザフ・ハン国に場所を譲ったが、アブルハイルの最後の支持者たちは孫のシャイバーニー・ハンの周りに再結集し、南のトランスオクシアナに新たな政治的キャリアを求めていった。

（1）ジャニベクとケレイについては、ジョチの長子オルダ・エジェンの子孫とする説と、ジョチの第十三子トカ・テムルの子孫とする説があり、日本では後者が有力だが、カザフスタンでは両論が併記されることが多い〔訳注〕。

VI　ノガイ・オルダ（十四世紀末～十六世紀）

金帳汗国の勢力が失われていったのに続いて、カザフ草原西部でノガイ・オルダが形成された。これはとくに、トクタミシュと戦ってノガイの権力の実在を金帳汗国に認めさせたエディゲの息子である、ヌラッディン（一四二六～一四四〇年）の働きによるものであった。

初めのうち、この部族集団は、最も重要な部族であるマンギトの名から、マンギト・ユルトと呼ばれていた。十五世紀後半以降、その領域はウラル川左岸と、シベリアのテュメニ以遠の地にも及んでいた。南方ではアラル海岸に達し、軍事同盟を結んでいた相手であるアブルハイルの所領の内部に入り込んでいた。そのエスニックな構造は、白オルダやアブルハイルのハン国と似ていた。ノガイという言葉が現われたのはこの頃のことである。ロシアが一五五二年にカザン・ハン国を、五六年にアストラハン・ハン国を占領したのち、ノガイ・オルダは分裂した。その住民の一部はカザフの小ジュズ（後述）のなかに入り、残りはシベリア・ハン国などに吸収された。ステップにおける覇権をめぐる戦いが再開された。

奥深いエスニックな変動と政治的再編が起きたこの時代、文化はキャラバン・ルート沿いと中心的都市で発展した。テュルク系諸言語、とくにキプチャク・オグズ語群とカルルク・ウイグル語群は、モンゴルによる征服をみずからの成熟のために利用した。口承文芸は、牧歌や格言、謎々で豊かになり、こんにちに至るまで保たれるフォークロアを構成している。

十四世紀と十五世紀の境の頃、キプチャク・ノガイ・サブグループをもとに、カザフの言語的基礎が整った。叙事詩を謡うジュラウの技術と叙事詩の基盤が練り上げられる一方、ステップの南部は、イスラームと、飛躍的発展を遂げつつある神秘主義教団ナクシュバンディーヤの影響下にとどまっていた。

Ⅶ　カザフ・ハン国と諸ジュズ（十五〜十八世紀）

アブルハイルのハン国の分裂と、一四六二年のエセン・ブカ・ハン死後のモグーリスタンの弱体化によって一四六五年に出現したカザフ・ハン国は、ダシュティ・キプチャークの一部で次第に権勢を得ていく。時とともに変わるその歴史的境界に関しては一致した見解がなく、十六・十七世紀のペルシア・ロシア史料（『稀有な出来事（バダーイー・アル・ワカーイー）』、『ブハラ客人の書（ミフマーン・ナーマイ・ブハーラー）』、『大地図解説書（クニーガ・ボリショーム・チェルテジュー）』）は、それぞれ異なる境界を記している。しかしこのハン国が、ダシュティ・キプチャークとセミレチエ、トランスオクシアナの領域を、モンゴル征服のかなり後になってますます緊密に結びつけていった政治的・社会経済的進化の所産であることは間違いない。

「カザフ」というエスニック名の定着が始まるのはこの時代からである。この名称は、政治的コンセンサスを中核に結晶化した、テュルクのさまざまな血統集団のエスニックな融合プロセスと、忠誠の対象（前述のアブルハイルのハン国）の分裂による新しいアイデンティティの誕生から生じたものである。これは、「ウズベク・カザフ」というエスニック名が、「カザフ」という単一のエスニック・マーカーへと微妙に変化したことによって表現されている。

この時代は、現在のカザフ史学が、ステップに中央集権的な国家構造（ロシア語でゴスダールストヴェンノスチ（国家性））が存在したことを証明するために選ぶ対象でもある。権力の正統性が必ずチンギス・カンの氏族に担われることに加え、モンゴルの行政（税の徴収、私法）・軍事の運営の特徴を多く受け継ぎながら、カザフ・ハン国は何よりも新しい経済空間を提供し、さまざまな中心地域のあいだの橋渡しをしたが、同時に野心的な隣人たちを引き寄せる場となっていく。

カザフ・ハン国とウズベク・ハン国の戦いの焦点は、十五・十六世紀のあいだ、シルダリヤ下流地域に位置していた。ここが選ばれたのは、低地中央アジア、セミレチエとステップのあいだという戦略的位置と、その経済的役割および文化的な輝きのためである。

一四六八年のアブルハイルの死後すぐ、ステップでは覇権を得るための激しい戦いが始まった。しかしその後何世紀にもわたって続く主要な対抗関係が繰り広げられるのは、何よりもトルキスタン（ヤス）の町をめぐってであった。この町は、トランスオクシアナのティムール朝の最後の王族たち、衰退しつつあるモグーリスタンのハンであるユーヌスと息子のスルタン・マフムード、カザフのハンたち、そしてムハンマド・シャイバーニー・ハンを相争わせる場所となった。主役である後二者のあいだではシルダリヤの主要都市をめぐって七〇年代に次々と戦闘が展開され、これらの都市はカザフ人とウズベク人にかわるがわる包囲・占領された。十五世紀末に状況は安定化し、スグナク、スザク、サイラムの諸市はカザフ・ハン国に併合され、オトラル、ウズゲンド、ヤスとアルクークはシャイバーニー・ハンの手に残った。

この民族・文化的連続体の誕生と並行して、三つのオルダ（ジュズ）、すなわち大ジュズ、中ジュズ、小ジュズが出現した。これは複雑な構造を持った部族連合体で、十六世紀の史料に描かれている現象である伝統的な遊牧路と冬営地・夏営地に基づいて、カザフ草原全体に領域的に定着した。

十六世紀、カザフ・ハン国はかつての白オルダの空間と、モグーリスタンの一部を占めた。ウズベクの征服者シャイバーニー・ハンが（一五〇九、一〇年）、また一五一〇年の彼の死後には子孫たちが数多くの戦いを仕掛けてきたにもかかわらず、カザフ・ハン国はジャニベクの息子カスムの治世（一五一二〜

二二）に最盛期を迎えた。セミレチエから西はヤイク川まで権威を確立させることにさえ成功したのである。モンゴル征服以来初めて、カザフの諸部族（史料によれば、一〇〇万人近い人口があった）が遊牧する土地全体が、同じ政権の統治下に入ることになった。

一五二一年のカスム・ハンの死後、シルダリヤ下流の諸都市は、モグーリスタンの君主たちと同盟を結んだシャイバーン朝の手に再び落ちた。カザフ・ハンのタヒル（一五二三〜三三年）による奪還の試みは実を結ばず、これらの町の帰属は十六世紀末まで変わらなかった。そしてカザフ人たち、とくにカスムの息子ハックナザル（一五三八〜八〇年）は、モグーリスタンの君主たちおよびオイラトに対抗して、クルグズの諸部族と不安定な連合を組んだ。彼らは北東では、拡張主義的な狙いを持ったクチュム・ハンと衝突し、このためにウズベクのアブドゥッラー・ハンと一時的な同盟を結んだ。西方では、タタール人、バシキール人、それにロシア国家がステップの心臓部に向かって進出してきたことによって不安定化したノガイ人と衝突した。ハックナザルの後継者は、やはりジャニベクの子孫であるシュガイだった。彼が統治したのは二年間だけだったが、その子タウエケル（タヴァックル）は、オイラトの前進に押されて一五五〇年にタシケントに避難したのち、北方へ再出発した。一五八六年、彼はタシケントおよびシルダリヤ下流の諸都市を奪回しようとした。ハン位を狙う他のカザフ人に対しみずからの正統性を主張するのが困難であった一方、彼はウズベクの君主たちに対抗してモスクワと同盟を結び（一五九四年にフョードル帝に使節を派遣）、一五九八年、タシケントに対する新たな戦いのときに死んだ。弟のエシム（一五九八〜一六二八年）が跡を継ぎ、取り合いになっていた町であるトルキスタンとタシケント、ま

側面から見たトルキスタン市のアフマド・ヤサヴィー廟（「オレンブルグからサマルカンドへ 1876〜1878年」『世界旅行』誌, 1879年）

たしばらくのあいだはフェルガナ地方をもウズベク人から奪うことに成功した。これらの町は次の二世紀にわたって、つまり一五九八年から一七二三年まで、カザフ・ハンの権力のもとにとどまることになる。

十七世紀は、内的および外的な対抗関係の激化によって特徴づけられる。セミレチエは完全にオイラトに支配され、カザフ・ハン国は強い分離主義的傾向と崩壊の危機にさらされた。一六三五年のジュンガル(オイラト)・ハン国の形成が、オイラト側からの侵入のリズムと効果を高める一方、清帝国の増大する圧力のために、オイラトは新しい牧地を求めてますますカザフの領域内部に押し寄せてきた。すでに二〇年代から、彼らはコンパクトな集団単位でトボル川、オビ川、イシム川、イルティシュ川の岸に達し、イリ川とタラス川の地域に冬営地を設けていた。

十七世紀末には、本格的な軍隊がセミレチエと、彼らが渇望していた南カザフスタンの諸都市に襲いかかった。サイラムは占領されて再び破壊され、住民の一部はジュンガリアに強制移住させられた。

ステップの叙事詩は、十七世紀から十八世紀の最初の四半世紀に至るまでステップを股にかけていたオイラトの侵入のこだまを伝えている。この侵入は町やカザフ人の営地を破壊し、キャラバンの大規模交易に損害を与えた。一六〇二年、および一六三四〜五四年のジュンガルのバートル・ホンタイジ治下、一六七〇〜九七年のガルダン・ホンタイジ治下、そして彼の後継者ツェワンラブタンの治世である一六九七〜一七二七年、とくに一七一〇年、一七一三年と一七二三〜二七年にはカザフ人にとって壊滅的な事態が生じ、長くトラウマを残すことになった。このうちの最後の時期は、カザフ史において「アクタバン・シュブルンドゥ」、または大いなる災厄の名で知られる。これは、タウケ・ハン(一六八〇〜

一七一八年）による安定化と侵入者への抵抗の試みの後に突発したものであった。タウケは、カザフ王朝の法のいくつかの要素を文書（ジェティ・ジャルグ）にまとめたことでソ連時代にも有名であった。他方ジュンガル側の史書は、カザフの掠奪を、繰り返し起こる侵略行為として嘆いている。

こうして、中国北西のジュンガル国とカザフ諸部族の関係にかかわる悲劇的なエピソードから、ユーラシアの勢力図を大きく変化させる諸事件の糸が結ばれていく。これらの事件は、カザフ・ハンたちに、彼らが組織的な侵略と考える問題への政治的解決法の選択を迫ることになる。

一七一〇年、タウケ・ハンは、ジュンガルに対するカザフ人の一斉反撃をクルグズ人・カラカルパク人の助力を得ながら組織するために、集会（クリルタイ）を招集した。三つのジュズから構成される軍が、勇士ボゲンバイ・バトゥルを筆頭に戦闘準備に入った。一一年にジュンガルは東方に撃退されたが、一八年春にカザフ・ハンたちの不和を利用してアヤコズの戦いで仕返しをした。一部のハンは一八年に少なくとも名目的にロシアと同盟関係を結んだが、同じ年のタウケの死で、再び諸ジュズの覇権争いが始まった。中ジュズではセメケ、ボラト、アブルマンベトという三人が相次いでハンとなり、小ジュズはアブルハイルの支配下にあった。一七二三年以来ジュンガルの侵入は頻度を増し、トルキスタン、タシケント両市までもが彼らの手に落ちた。二六年に反撃が組織され、トルガイ・ステップ南東のカラ・シユルという場所で軍事衝突が起きた。ここは「カルマク・クルルガン」、つまり「カルマクが死んだ場所」と呼ばれるようになった。この勝利でステップの何人もの勇壮な騎士たちが名を上げた。それはカバンバイ、ナウルズバイ、ジャニベク、ボゲンバイ、エセト、ライムベクらであり、またトレ・ビー、カズベク・ビー、アイテケ・ビーのような、三つのジュズの長（ビー）たちであった。続いて一七二九年（ないし三〇年）にバルハシ湖南方のアヌラカイで戦いが起き、小ジュズのアブルハイル・ハンがジュンガルに大敗を蒙らせ、ここは「敵の嘆き声と涙」の場所と呼ばれた。

このモンゴル・カルマク・ジュンガルの恐怖は、十八世紀以降のカザフ政治の軸を方向づけることになる。当時重要だったのは、敵を撃退するために即戦力を集めることであり、また最も有効な外部の保護、とくにロシア側からの保護を求めることであった。

第三章　ロシアによる征服と植民地化

十八世紀の最初の四半世紀のあいだ、カザフ草原の地政学的状況は根本的な転機を迎えた。カザフ・ハン国は数世紀来、南方のウズベク諸ハン国や北方・西方のバシキール、カルムィク諸部族のさまざまな圧力を受けてきたが、最も明確な脅威が現われたのはつねにジュンガリアの側からであり、これが地域の諸大国、とくにロシアを反応させることになった。

I　国境線の建設から同化へ

以上述べてきたことが、ロシアの「カザフ」政策誕生の文脈である。この政策は一七〇〇年と一九一四年のあいだに、三つのおもな段階を経て形成された。まず国境線の設定、そして平定・征服（一七三〇〜一八五〇年）であり、次に行政的・経済的な植民地化が、とくに一八八九年にロシア人農民のカザフスタンへの入植を組織する法令が出されてから進行した。

カザフの空間におけるロシア政府の干渉を語る際に、ソヴェト史学は、カザフ草原のロシア帝国への「自発的併合」という表現を用いた。この「併合」は、特徴的な独自の方式でなされた。まずハンたちの側が外的な理由によってロシアの保護を求め、小ジュズ（一七三一年）と中ジュズ（一七四〇年）が正式に臣従を誓い、その後非常に長い時間をかけていわゆる平定作戦が行なわれ、そしてロシアの影響が人口・文化面でさまざまな結果をもたらした。

一七三一年、絶えず混乱していた情勢のため、小ジュズの君主アブルハイル（一六九三～一七四八年）が、アンナ・ヨアンノヴナ女帝に、オイラトなどが攻撃してきた場合の保護を求めた。使節のA・I・テフケレフが、三一年二月十九日付で女帝が署名した証書を渡すために、十月五日にハンのもとに急派された。ところで、ハンの個人的な臣従は、三〇人の長老たちの宣誓によって裏づけられたとはいえ、部族全体の臣従を意味するわけではない。この署名ののち、ステップではぬきさしならぬ騒動が起きることになる。

このとき作られた、ロシアの南縁を描く可動的な国境線は、こんにちも存続し意味を持っている。国境の創設は、安全保障上の必要を軽視しないロシアの政治的ヴィジョンの重要な基軸をなしたのである。

一七三五年にオルスク要塞、四三年にオレンブルグ市がロシアによって建てられたことは、ロシアの「南縁の平定」の端緒となった。これはまた、十八世紀の最初の四半期における、シベリアの要塞線設置の開始に続くものだった（一七一五年のI・ブフゴリッ遠征、一七年のI・ストゥーピン遠征、二〇年のI・リーハレフ遠征、一六年のオムスクと一八年のセミパラチンスク、二〇年のウスチ・カメノゴルスク各市の開基）。

オレンブルグは、アストラハンに代わって「東方への門と鍵」となった。地理学者I・キリーロフが創設した「オレンブルグ遠征隊」の責任で行なわれたこの町の建設と並行して、一七四二年にはオレンブルグ要塞線が作られ、東方のゴーリカヤ（「苦い」の意）線とつながった。この無から生まれた国境は延長三四〇〇キロメートルの弧を描き、イシム、イルティシュとコルィヴァンの諸要塞によってウラルとシベリアの「線」を連結した。また、四四年にオレンブルグ県が作られて三万五〇〇〇人以上の兵士・将校が配置されたが、その当時、要塞線は一一の要塞、三三の角面堡と四二の前哨地を数え、それらのあいだには、現地のヤイク、オレンブルグ、シベリア各コサック軍（ヴォイスコ）を形成することになるコサックの宿営地（スタニーツァ）の網が張りめぐらされた。一七四〇年には、のちに中ジュズのハンとなるアブライ・スルタン（一七一一～八一年）がロシアの宗主権を名目的に受け入れたが、五七年には彼は中国に臣従を誓った。実際には、彼は七一年から八一年までハンの称号を保持し、この期間は事実上独立を保った。

その後ツァーリ政府は、ステップの政治・社会的変化に影響を及ぼそうという意志を具体化させるのに充分に適した状況であると判断した。しかし、それがしかるべく効率的になされるだろうという考えと、現実に影響力を確固としたものにするには一世紀かかったという事実のあいだには、大きな落差がある。

ヤイク（ウラル）川右岸でカザフ人が遊牧することを禁じた一七五六年の勅令は、本格的な行政的圧力の始まりとなった。一方、領域の東端では、五五年に、カザフ人がイルティシュ川を越えて南シベリアに入ることが非合法化された。

Ⅱ　ロシアとの対立の初期段階

十八世紀末以来ロシアの要塞は、定期市や物々交換市場の濃密なネットワークを通して、実質的な交易拠点となった。その結果、この地域は経済的にロシアに向くようになった。しかしながら、最初に臣従の取り決めが署名されてから五〇年後の一七八二年に至るまで、ロシアの影響はカザフの領域の境界地帯をほとんど越えていなかった。このときまで、カザフスタンからロシアの宮廷に送られた公的使節は大使と見なされており、十九世紀初めになって、「代表」という呼び名を与えられた。カザフの政治権力は冬営地と伝統的な夏営地のまわりに限定されるようになった。ロシアの影響力は現実のものとなりはじめ、とくに、ステップにおける徴税が、不当なものと考えられながらも効力を持つようになったことの意味は大きい。

ツァーリ政府は戸税を取り、これをカザフの伝統的な居住様式である天幕に適用した。これは、ロシアの税制が遊牧という生活様式の現実にまったく適合していないことをあらわにするものだった。というのは、カザフの家族は一つの天幕に住んでいたわけではなく、また彼らの財産は家畜にあったからである。それでも、ロシアの課税はカザフ人を物々交換経済から貨幣経済に移行させた。税はルーブリで支払われなければならず、このことは結局深い社会・文化的断絶を引き起こしたのである。

したがってロシアの影響力は、法と不動産の領域において感じられた。新たにロシアの行政体系に組み込まれた非正教徒住民は「異族人」とされ、このカテゴリーのために作られたロシアの法体系に従わせられた。かつまた、季節移動の際に伝統的放牧地を使用していた遊牧諸部族は、放牧用の「彼らの土地」に建てられたロシア人ないしコサックの村の増大に直面した。土地はカザフ人によって共同所有されていたが、所有する小さな土地に百姓家を建てるロシア人やコサックの場合はそうではなかったから、文化的衝撃は激しいものとなった。

Ⅲ　均衡の崩壊——反乱の時代

ロシアの植民地政策の強化は、カザフの政治・社会機構を次第に不安定化させ、遊牧と移動の伝統的な場を犠牲にしてステップの北部にロシアの断片を出現させる結果をもたらした。放牧の場と移動経路への損害を顧みずにロシア人農民を入植させる政策、ロシアの恣意的な行政、コサックによる弾圧の増加は、潜在的な不満の増大を引き起こした。これは次第に、一九一七年の革命に至るまで恒常的に反乱が続く状態へと変わっていく。

かくして、一七七三〜七五年にエメリヤン・プガチョーフの指揮下でロシア政府に対して蜂起し、ステップの縁辺にあるいくつもの要塞を脅かした農民反乱者のあいだには、小ジュズと中ジュズのカザフ人の姿が見られたのである。一七八三〜九七年のスルム・ダトフの反乱のような動乱が繰り返されるなか、ロシアの行政府は政治的・行政的支配を強化する方向に進んだ。これはまず第一に、ロシアの領土に最も近く、かつ公然たる戦いの決意が最も強そうな小ジュズに対して行なわれた。

一七八五年に、ヌラル・ハンの退位をロシア政府に求める五〇人以上の部族長たちの会合が開かれた。退位は、一七八六年六月三日にエカテリーナ二世の同意によって実現された。オレンブルグ総督イゲリストロームは、これを小ジュズの行政計画を策定するのに利用した。「イゲリストローム改革」という名を持つこの計画は八六年秋に承認され、小ジュズにおけるハンの権力を解消することを狙いとしていた。九〇年代、小ジュズではハンが次々と交代し（ヌラルは復位しないまま一七九〇年に死に、その後弟のエラルが即位するが九四年に亡くなり、九六年に後任となったエシムは翌年暗殺された）、その権力は次第に失われていった。スルタンとスタルシナ（長老）らから成る、ハンを選ぶためのハン評議会を設置したロシア政府は、小ジュズの政治ゲームにますます干渉していった。さらに、一八〇一年のパーヴェル一世の勅令によって、ボケイ・ハン国（または内オルダ。一八一二年七月七日にボケイ・スルタンがハンに選ばれた）がウラル川中流とヴォルガ川のあいだに作られ、カザフ人地域の一部が小ジュズ本体から離れてロシアの強固な後見のもとに置かれることになった。

反乱の波は一八三六〜三八年にボケイ・オルダをも襲った。反乱を率いたリーダーはイサタイ・タイマノフ（一七九一〜一八三八年）であり、吟遊詩人マハンベト・オテミソフ（一八〇四〜四六年）も参加した。ロシアの正規軍とコサックはアクブラクの近くで反徒を抑え込み、彼らの大部分とリーダーを殺して、反乱を暴力的に鎮圧した。

カザフスタンが独立を達成して以降、この時期は「カザフ人の民族解放運動」の時代と呼ばれている。

Ⅳ　ロシア行政による中ジュズの支配

ロシア支配を強固にする必要性に直面したシベリア総督M・スペランスキーは、いわゆる「スペランスキー改革」のなかで、一八二二年に「シベリア・キルギズに関する規約」を策定した。この改革によって、イルクーツクを中心とする「東シベリア」地域と、トボリスク（三九年からはオムスク）を中心都市とする「西シベリア」地域が形成された。西シベリアには、中ジュズおよび大ジュズの一部の遊牧領域が「シベリア・キルギズ地域」という名のもとに付加された。十九世紀にはロシア行政はカザフ人を「キルギズ・カイサク」ないし単に「キルギズ」と呼び、クルグズ（キルギス）人には「カラ・キルギズ」（黒いキルギズ）という名を割り当てていたことに注意しておこう。

こうして帝国の行政体系が中ジュズに適用され、行政区画は上位のものから順にオーブラスチ（州）、オークルグ（管区）、ヴォーロスチ（郷）、アウル（村）と名づけられた。村のレベルを指導するスタルシナないしアクサカルと呼ばれる長老は、三年の任期で選ばれ、上級機関によって認証された。この選挙・選任のシステムは、それまで優勢であった終身制に取ってかわると同時に、汚職という災いの大規模な到来を伴い、社会全体の道徳性低下をもたらした。ツァーリ政府はこれを、中ジュズにおけるハン位の廃止と、小ジュズにおけるハンの消滅の確定のために利用した。

小ジュズ地域のロシア行政の骨格は、一八二四年に当時のオレンブルグ県軍務知事ピョートル・エッセンが策定した「オレンブルグ・キルギズに関する規約」によって完成した。国境委員会が創設され、さまざまな任務のなかでもとくに、あらゆるレベルの現地エリート（軍務知事によって指名される、管区の長であるスルタンを除く）の選任という役割を担ったことは、この体系の仕上げとなった。伝統的な法廷は日常的な案件のためにのみ維持され、重要な訴訟は、ロシアの軍事法廷か国境委員会自身によって審理された。

ほどなくして反発が現われ、一八三七年から四七年まで一〇年間続く反乱という形をとった。中ジュズを中心とするこの反乱は、アブライ・ハンの子孫であるスルタン、ケネサル・カスモフ（一八〇二〜四七年）に率いられていた。

反乱は、コサックの鎮圧部隊に対する激しい戦い（一八三七年のアクタウ要塞の近くでの戦い、反徒たちによる三八年のアクモリンスク要塞放火、三九〜四〇年のコサックに対する勝利）を特徴としていた。ケネサル・カスモフは小ジュズの領域に退却し、のちには大ジュズの領域に移り、四一年にはハンとしての即位を宣言したが、大ジュズの支持を得ることには成功しなかった。彼は南方に逃れたがそこでクルグズ人と衝突し、四七年に捕らえられて処刑された。

残酷に鎮圧されたものの、ステップに何よりもまずハンの伝統的な権力を再建しようとしたこの反乱は、カザフ地域の擬似的な統一性を揺るがした。この反乱がこんにち、カザフ人があらゆる手段を使ってロシアの支配から自由になろうとする意志を持っていたことを示す、彼らの側の最も明白な証拠の一つと考えられているのは驚くべきことではない。この時期にはまた、中国とロシアの狭間に置かれていた大ジュズの逡巡が終わり、ロシアに有利な結果が見られた。

V　ロシア政府によるステップ征服の完了

カザフの領域の南にシルダリヤ要塞線が作られ、そこに第一、第二、第三要塞、それにアクタウ、アラタウ、カパル、レプシンスクといった一連の要塞が建てられたことで、ステップの「施錠」が完成した。つまり十九世紀中頃にはカザフの土地全体が現実にロシアの戦略空間のなかに組み込まれ、北側でも南側でも軍事的装置によって区切られたのである。この軍事的装置はその後、領域内部で機能するとともに、さらに遠くでの新しい作戦に取りかかろうとしていた。

牧地を奪われた何千ものカザフ人家族は一八五六年に、かつてケネサル・カスモフを支持したジャンコジャ・ヌルムハメドフの反乱に加わり、同年十二月にカザリンスク要塞を占拠した。しかし、オレンブルグ総督ペロフスキー（彼自身、五三年にコーカンドの要塞アク・マスジドを陥落させた）は正規軍の兵とコサックから成る懲罰部隊を急派し、反乱者たちにヒヴァ・ハン国のほうへ逃げることを強いた。

中央アジアの沙漠の縁に向かってロシアの要塞線が前進することに伴うさまざまな弾圧事件に加えて、コサック軍によって補強されたロシアの新しい要塞から、将来のロシア領トルキスタン、そして場合によってはその先の英領インドに向かって、ツァーリ軍の襲撃が組織された。並行して、シュムケントからピシペクにかけてのカザフ草原南部地域は、若いコーカンド・ハン国に対するクルグズ・カザフ諸部族の反乱の舞台となった。シャイバーン朝の征服に起源を持つウズベクの三国のうち最も新しく（十八世紀末から栄えた）、最もダイナミックなこのハン国は、主権国家としての最後の一〇年間を迎えていた。インドにおけるイギリスの拠点に向かってのロシアの前進は、一世紀にわたって続いていた競争関係をさらに激しくした。敵対する二つの強国は、危険なまでに接近したのである。しかしこれは、ツァーリ政府が新しく獲得した領域を行政の網のなかに組み込むことをまったく妨げなかった。この網は、ツァーリの支配領域全体に一貫した帝国構造を適用すべく、絶えず改造されていた。

一八六七〜七〇年は決定的な時期だった。これを画したのは、新たな反乱（ウラリスク州・トルガイ州における六八年のS・テュルケバエフとB・オスパノフの反乱、およびマングスタウにおける七〇年のアダイ族の反乱）と、その原因となった六七〜六八年の法・行政構造改革である。「セミレチエ・シルダリヤ両州統治規程案」は六七年七月十一日に公布された。

一八八一年には、ロシアと中国、カザフ草原のあいだの通商に重要な意味を持つ協定（サンクト・ペテルブルグ条約）が調印された。また新疆における反乱が中国に鎮圧されたことをうけて、セミレチエおよびクルグズ人地域北部に四万五〇〇〇人のウイグル人と五〇〇〇人のドゥンガン人が移住した。カザ

貧乏なカザフ人と豊かなカザフ人（「オレンブルグからサマルカンドへ　1876〜1878年」『世界旅行』誌, 1879年）

フの領域は当時まで、トルキスタン、オレンブルグ、西シベリアという三つの総督府に分割されていた。一八九一年三月二十五日[1]にはステップ総督府（トルキスタンの北に隣接）が創設された。カザフの領域全体が、ロシアの国有財産と宣言された。

（1）これは実際にはステップ諸州統治規程が公布された日であり、西シベリア総督府がステップ総督府に改編されたのは一八八二年。なお、オレンブルグ総督府は八一年に廃止された〔訳注〕。

一八九七年のロシア国勢調査によれば、ステップの人口は四一四万七八〇〇人に達し、そのうち三三九万二七〇〇人（すなわち八二パーセント）がカザフ人であった。彼らのなかの社会的エリートは一万五〇〇〇人のトレ（「白い骨」とも呼ばれ、チンギス・カンの子孫）と、一万五〇〇〇人のコジャ（「イスラームの聖家族」）、つまり全体の約一パーセントで構成された。一九一四年には、五九一万人の人口のうちカザフ人はもはや三八四万五〇〇〇人、つまり六五・一パーセントしか占めていなかった。これは、二十世紀の七〇年代まで増幅していく過程の始まりであった。農業問題が引き起こす緊張は、ロシアが第一次世界大戦に参戦してからさらに深刻化することになる。一九〇六年のストルイピン改革は、この緊張の一つの例証である。ロシアにおける一八六一年の農奴解放はロシア人入植政策（一九一四年までにステップ北部に一〇〇万人以上のスラヴ人農民が定着した）と、牧地の収用の原因となった。一八五三年から一九〇五年のあいだに四〇〇万デシャチーナ（一デシャチーナは一・〇九ヘクタール）の土地がカザフ人から奪われ、一九〇六年以降この数字は一七〇〇万に達した。同様に、定住化政策がステップのさまざまな地点で展開され、社会の組織構造における真の断絶を引き起こした。

家畜、飼料、食料品の徴発と増税に加えて、一九一六年六月二十五日の勅令が、それまで異族人としての規定に従って兵役義務を免除されていたトルキスタン諸民族の動員を命じた。これは、ステップを燃え上がらせ、フェルガナ盆地を介してトランスオクシアナの心臓部に達する大反乱を引き起こした。実際、勅令が予定した十九歳から四十三歳までの約五〇万人の徴募者は、シャベルで武装するか非武装のままで、作戦地域とその後方における建設作業を行なうはずであったが、これは彼らの自尊心を完全に傷つけた。蜂起の主要地域は、トルガイ（A・ジャンゲルディンとA・イマノフの指揮下）、ウラリスク（S・メンデシェフ、A・アイティエフ）、マングスタウ（J・ムンバエフ）、アクモリンスク（S・セイフッリンが参加）、セミレチエ（T・ボキンとB・アシェケエフ）、シルダリヤ（トゥラル・ルスクロフが参加）である。反乱に続くすさまじい鎮圧は、双方に多くの犠牲者を生んだ。ロシア人植民者と現地民のあいだで復讐劇が勃発し、血の海と、多数のカザフ人の中国とモンゴルへの脱出という結末をもたらした。一九一七年の革命まで、地域全体が混乱のただなかに置かれた。

VI　ロシア的近代に対面するカザフ社会——社会文化的衝撃

ロシアのヘゲモニー確立を任務とするロシア化政策がとくによりどころとしたのは、辺境の都市に作られた、ロシア語・ロシア文化を広めるためのロシア・原住民教育のシステムであった。

女帝エカテリーナ二世は、イスラームを優遇したことでロシアの一部の歴史家に「非難」されているが、この政策はかなりの部分、新たなキリスト教徒を求めてステップを駆けめぐるロシア正教宣教団の活動によって埋めあわされていた。ただし、この政策が原因となって、カザフ人のイスラームへの改宗を促進する目的でマドラサ〔イスラームの中高等教育機関〕が開かれたのは事実である。[1] カザフ人の一部はつねに一神教に反抗的だったのだ。「善き野蛮人」をみずからの臣民として持っていることを喜ぶ女帝とヴォルテールの文通から明らかになるように、女帝はカザフ人がシャーマニズムの徒であるよりムスリムであるほうが同化しやすいと考えていた。

(1) エカテリーナ二世期以降、タタール人の働きによってイスラームの戒律がカザフ人により深く浸透したのは事実だが、カザフ人は以前から少なくとも名目的にはみなムスリムだったのであり、「改宗」したわけではない。また正教の宣教団の活動はふるわず、カザフ人の正教改宗者はわずかだった〔訳注〕。

都市に開設されたツァーリズムの軍学校（陸軍幼年学校）に多くの若いカザフ人が入学したことも、ステップにおけるロシアの影響力強化に役立った。のちには、ロシアにおけるデカブリストの弾圧とアナーキスト・サークルの解体ののち、ドストエフスキーのような多くのロシア人将校や思想家、それにM・I・ヴィーネル、A・パチコフスキ、M・ウカシェヴィチらポーランド人がセミパラチンスクに流刑された。彼らは現地の知識人のあいだにみずからの理想を広め、住民のもとで民族学的な情報を集めることに熱中した（後述）。

飛躍的に発展しつつあったロシアの商業ブルジョワジーは、ステップと辺境都市を、みずからの製品を売る新しい市場として見た。しかし文化的な変化が現地住民の日常生活に影響して、彼らの伝統的手工業活動を不安定化させるのは、ロシアのプレゼンスがより強固になってからである。ロシアのいくつかの文化的習慣が借用され、遊牧民の生活様式を部分的に変えた。サモワールの使用が家庭に普及し、のちには多くのロシア製品・外国製品についても同様のケースが見られた（たとえばシンガー・ミシン。とくに一九〇六年にアラル海の東を通ってオレンブルグとタシケントを結ぶ鉄道が建設されて以降）。

何十年かの接触ののち、ロシア文化は、二つの文明の交差点に位置する何世代ものカザフ人によって「消化」された。したがって、十九世紀後半から一九一七年にかけての時期は、カザフ人のアイデンティティの歴史にとって決定的に重要である。これは、一世紀前以来押しつけられてきた政治的再定義によって大きく揺さぶられた遊牧社会が、新たな激動に出会う前に、変化の果実を摘み取ろうとしていた時期なのだ。この接触がたとえ限られた数の個人にしか関係しないものだったとしても、その結果は、ロシアの圧力と影響に応えて重層的に作り上げられたカザフ・アイデンティティの特性そのものを理解するのに、根本的に重要である。

Ⅶ　カザフ・エリートの政治化

アレクセイ・リョーフシンは一八三二年にサンクト・ペテルブルグで、『キルギズ・カザクまたはキルギズ・カイサクの諸オルダとステップの描写』という三巻本を出版したが、カザフ人エリートの一部も、彼ら自身の社会に関心を持っていた。彼らは社会を近代化しようと努めるとともに、社会の記憶を文字に記した。彼らには、ステップ北部の諸都市に流刑されたロシア知識人や、進んで人民との対話を唱える人びと、それに人民革命主義者との個人的接触から確実にうるところがあった。

ウラリスク、オムスク、トルガイ、オレンブルグ、アクモリンスクとセミパラチンスクにはロシア地理学協会と統計委員会の支部が作られ、そこではE・P・ミハエーリス、S・S・グロス、A・レオーンチエフら政治流刑者と、地元の知識人（A・ボケイハノフ、M・ショルマノフ、N・ジェトピスバエフ）が一緒に仕事をした。同様に、ステップ南部のヴェールヌイなどセミレチエにはロシアのナロードニキ（G・S・ザグリャージュスキー、R・I・メテリーツィン、V・A・モナストゥイルスキー、A・フレーロフ、K・ヴェールネル、S・M・ドゥーディン）が住み、民族学者や地元のガイド・通訳とともに仕事をした。

彼らが農牧村地帯で行なった多くの調査旅行の結果は、政治・社会問題を重視するもので、ステップの文化的・政治的覚醒に強いインパクトを与え、近代主義知識人の輝かしい世代を生まれさせることになる。

チョカン・ワリハノフ（一八三五～六五年）――チンギス・カンの子孫で、ロシア軍将校であり、博学な旅行家、民族学者。多くの民族学研究を行なう（「イッスィク湖旅行日記」、「クルグズ人についての覚書」）。一八五七年、叙事詩マナスを初めて文字に記録した。

イブラヒム・アルトゥンサリン（一八四一～八九年）――博学なカザフ人教育者、民族学者、民俗学者。

カザフ最初の専門学校の創立者、『キルギズ（カザフ）選文集』の著者であり、教育、とくに女子教育を通しての発展を熱心に唱えた。

アバイ・クナンバエフ（一八四五〜一九〇四年）――カザフの偉大な詩人。文字に書かれる形でのカザフ古典文学の創始者、思想家。カザフ口承文芸の伝統と東洋の詩を統合させるとともに、プーシキンやレールモントフ、トルストイの作品の影響を受けたとされる。

アリハン・ボケイハノフ（一八六九?〜一九三七年）――チンギス・カンの子孫。公職を務めるとともに、文筆家、ジャーナリスト、民族学者、カザフの叙事詩の専門家で、政治に熱中した。

クルマンガズ・サグルバエフ（一八一八?〜八九年?）――カザフの有名な作曲家。正義のための闘いに生涯を捧げ、当局の側からたびたび圧力を受けた。

彼らのほかに、ロシアに対するいかなる譲歩にも反対するグループも存在しつづけていた。そのような傾向はのちに、政治の舞台における極端な立場のなかに再び見出されることになる。

一八一八年生まれのカザフの詩人ショルタンバイ・カナエフは、「ザル・ザマン（嘆きの時代）」という詩を作り、ロシアによる植民地化後のペシミズムを表現した（一八八一年没）。彼のまわりには、ロシア人と対立するカザフ人を含むザル・ザマン・グループが形成された。

サンクト・ペテルブルグにおける一九〇五年革命の失敗ののちも、カザフ人エリートを含むロシア帝国のムスリムは、ますます政治化していった。それは、ロシアで起きた問題を前にして、改革を勝ち取るために協力しようという希望から、政治的綱領の急進化に至るまで、多様な傾向で現われた。

ステップ中部の地域では、三〇〇人の労働者が働くウスペンスキー鉱山で、資本家に反対する「ロシア・キルギズ（カザフ）同盟」が指揮するストライキが起きた。モスクワとサンクト・ペテルブルグの大学で教育を受けた幾人ものカザフ知識人たちは、とくに一九〇五年から一六年までのあいだ、ますます緊迫していく政治の世界に活気を加えていった。A・ボケイハノフ、A・バイトゥルスン、M・ドゥラトフ、B・カラタエフ、M・トゥヌシュバエフである。(1)

(1) このうちバイトゥルスン（バイトゥルスノフ）とドゥラトフは大学教育を受けていない〔訳注〕。

最初の民族新聞は一九〇七年の『カザク・ガゼティ』であり、ついで『ダラ（ステップ）』が出た。(1)一九一一年から一五年まで、M・セラリンが編集する近代主義的で定住化推進の方針を持つ雑誌、『アイ・カプ』が刊行された。B・カラタエフも寄稿したこの雑誌は、民族学と文化に大きく誌面を割いた。また一九一三年から一八年には、アフメド・バイトゥルスンが『カザク』という新聞を、M・ドゥラトフとA・ボケイハノフの助けを得て編集した。

(1) 最初の民族新聞は一九〇六年の『セルケ』である。また『ダラ』はロシア正教の宣教協会の新聞といわれるが、ロシア側の主導で出されたカザフ語の新聞としては、『ステップ地方新聞』（一八八八〜一九〇二年）が最初でかつ重要である〔訳注〕。

カザフ草原およびロシアの他のムスリム地域を揺り動かした論争のレベルは、一九一七年以降重要な選択を迫られることになる当事者たちの、高い政治的成熟度を示している。ムスリム改革派（アラビア語で「新しい」を意味する言葉からジャディードと呼ばれる。十九世紀末に、みずからの社会を退嬰主義と植民地のくびきから救いだそうという、ムスリム知識人の意志から生まれた運動の支持者）の要求は、ムスリム統一の思想、ロシア人との平等、ロシアの穏健派（立憲民主党、別名カデット）との連携を基軸に形成された。

同じ時期に、ムスリムの政治エリートは統一の流れを作りだそうと企てたが、この試みはすぐに行きづまり、ムスリムの運動の場を民族の論理で再編する方向に行き着いた。

第一回全ロシア・ムスリム大会は、当局による禁止命令に反して、一九〇五年八月にニジニ・ノヴゴロドで開かれた。一〇〇人の代表が帝国全土から参加したが、おもにタタール人であり、ロシア人との市民的平等と、ロシア帝国の全ムスリムの団結を求めた。「イッティファーク・アル・ムスリミーン（ロシア・ムスリム連盟）」という団体が作られ、一九〇六年一月十三日に再び、今度はサンクト・ペテルブルグで集会を開き、次に同年八月にも集まった。しかし代表たちは合意に達せず、団結は崩壊した。一方は連邦主義者、他方はロシアなしの未来を望む独立主義者という二つのグループに分裂したのである。(1)

（1）これは一九〇六年ではなく、一九一七年五月の全ロシア・ムスリム大会の話であろう。ただしどちらの大会でも独立主義者は存在せず、一七年に論争したのは、統一主義者（単一国家としてのロシアを保ちながら、ムスリムの団結と文化的民族自治の実現をめざす。おもにタタール人）と連邦主義者（各民族の領域的自治に基づく連邦国家としてロシアを再編することをめざす。カザフ人など）だった〔訳注〕。

統一運動は挫折した。そのときから、ロシア帝国のムスリムの政治活動は、民族主義的な分裂の線に沿って現われることになる。ジャディードは確実に若い世代に交代していったが、その一部はロシアの圧力に今度はあからさまに反抗して急進化し、他の一部は社会民主主義者との協力の思想に執着した。

他方、ロシア人の革命組織が一九〇四年にオムスクに作られた（「シベリア社会民主主義者同盟」）。同じ頃、アクモリンスク、ペトロパヴロフスク、ウラリスク、コスタナイ、ヴェールヌイ、セミパラチンスクに現われた最初のマルクス主義者の諸グループは、ウラルの坑夫や、鉄道員その他のロシア人および現地人労働者のもとでの活動に身を投じた。現地人労働者は比率としては小さかったが、マルクス主義者の議論がよりどころとする社会層であった。

次の時代は、ステップ地域を「かけ橋の領域」の論理から連邦国家の論理に導く連続的なプロセスのなかでは、確かに歴史的な断絶の時期に当たる。しかし、とくにイデオロギー的には、この時代にも連続性の現象がなかったわけではない。それらの現象は帝政期からボリシェヴィキ期にまたがって続き、ソヴェトの実践が相当多くの案件において、前の時代の経験から大いに示唆を受けたことを示している。

第二部　ソヴェト・カザフスタン

第一章　一九一七年の革命——時系列的概略

一九一七年二月二十七日にペトログラードで勃発した革命の知らせは、遠いカザフ草原にもすぐに届き、住民を熱狂させた。三月二日、ツァーリ・ニコライ二世は退位した。ロシア政権の神経中枢を揺り動かす痙攣の完全な影響下にありつつも独自の論理を追求する、旧ロシア帝国のこの地域において、新しい時代が始まった。

I　臨時政府の樹立

三月三日、臨時政府がA・F・ケレンスキーらによって形成された。新政府を支持する委員会のネットワークが大都市に現われた。「ムスリム委員会」はタタール人とウズベク人の豊かな商人を含み、「コサック委員会」も存在した。ツァーリ時代の多くの官僚が引き続き新しい職務に就いたほか、立憲民主党（カデット）や社会主義者革命家党（エスエル）の穏健派も地位を得た。臨時政府を支持した自由主義的な民族知識人のなかには、行政的な役割に選任される者も現われた。トルガイ州コミッサールのA・ボケイハノフ、セミレチエの行政を担ったM・トゥヌシュバエフ、トルキスタンで要職に就いたM・チョカエフらである。

一九一七年二月の政変が起きたとき、カザフ民族知識人のリーダーであるアリハン・ボケイハノフはミンスクにいた。そこで彼は「新しいロシアの自由な市民であるカザフ人」への呼びかけを発し、ツァーリ政府によってカザフ人から奪われた土地を返還するはずの将来の民主共和国を代表する、統一と正義の保証者としての臨時政府を支持することを説いた。

同時に、大都市（セミパラチンスク、アウリエ・アタ、ペトロパヴロフスク）および鉄道沿線に、ロシア人、ウクライナ人あるいは時にタタール人の労働者・兵士代表のソヴェトが初めて現われた。これら「労働者・農民・兵士の代表機関」の数は四月には二五にのぼった。数カ月後にはアウリエ・アタ、ペロフスク、カザリンスクなどで、カザフ人代表を含むソヴェトも形成された。ペトロパヴロフスクやコクシェタウには、大商人や官僚の側に立つメンシェヴィキとエスエルの連立委員会が形成された。

こうして、二月革命以来、ステップにおける新しい政治構造は二重権力となった。一方には、ブルジョワジーと経済エリートが臨時政府を通じて掌握する、非常に集権化された権力があり、他方には、地方都市（オレンブルグ、ペトロパヴロフスク、ウラリスク、カザリンスク、アクテュビンスク）のマルクス主義活動家とアラル海方面の鉄道労働者の影響下にある、本質的に人民的な権力があった。

はじめのうちは、この二つの権力組織網は一定の協力の形を受け入れていた。しかし、レーニンが「四月テーゼ」を発表して「全権力をソヴェトへ」というスローガンによって妥協の終了を呼びかけたのち、政情と市民的平和は急速に悪化した。多数の反革命分子がカザフ草原に逃れてきた。

警察と地方行政府に勤めていた多くの帝政期の高級官僚たちが逮捕された。彼らに代わって選ばれて職務に就いた戦闘的なボリシェヴィキたちは、臨時政府に対して八時間労働制を要求した。政治的対決の構図が確立した。

一九一七年三月二十日、臨時政府は宗教や民族的出自にかかわらずロシアの全市民に平等な権利を与えたが、民族自決権はすべて否定した。一九一六年反乱に対抗する暴力への参加者と、中国やモンゴルに難民として逃れた多数のカザフ遊牧民に対し、大赦が布告された。しかし一六年以来緊張のやむことがなかったステップの状況は、依然として混乱していた。そのうえ、過去数十年にわたり土地を奪われてきたカザフ人、クルグズ人、バシキール人住民の圧力にもかかわらず、政府は土地をめぐる係争の問題に取り組まなかった。民族的利益の熱烈な擁護者として登場したケレンスキーとミリュコーフの綱領が呼び起こした希望が大きかった分、失望も大きかった。

一九一七年、とくに前年に動員された一五万人の労役者が帰還して以降、カザフ社会はますます政治化していった。政治的競合の急進化は、間もなくボリシェヴィキと自由主義者の断裂という形で現われた。要求をまったく満たしてくれない臨時政府の破綻に失望した自由主義的知識人の一部は、一七年夏にカデット党を離党し、A・ボケイハノフの推進力のもと、新しい民族政党アラシュを結成した。民族的・自由主義的信条を持つこのグループは、一九〇五年のカザフ・カデット党の結成の試み、一三年の『カザク』紙の発刊、一六年に現われた請願運動を通して、すでに形成されていた。これら最初の政治化の試みが同じ人びとを再編成し、その後彼らがカザフ自治運動をリードすることになったのだ。政治的競争のなかで急進派を構成したのはウシュ・ジュズ党である。これは一七年秋に結成された別名キルギズ（カザフ）社会党で、指導者はM・アイトペノフとK・トグソフであった。以前はパン・イスラーム主義者で反ロシア的、親タタール的だった彼らは、親ボリシェヴィキ派となり共産党に接近したのである。

一九一七年七月二十一〜二十八日、オレンブルグで第一回全カザフ大会が開かれた。[1] カザフスタンのおもな諸地域およびサマルカンド、アルタイの両地域から、二八九人とも言われる代表が集められた。大会は、アラシュという名のもとに「カザフ人諸地域の領域的民族自治」を形成することを求めた。そこでの政権を運営するのは二五人から構成される「臨時人民評議会アラシュ・オルダ」で、首班にはA・ボケイハノフが選ばれた。大会の決議は一四項から成り、そのうち最も重要なものは、民族自治のほか、土地改革、政教分離、女性の結婚の権利に関わっていた。カザフ地域の地位の問題については指導者の間で若干の対立があった。A・ボケイハノフは、「議会制の民主的連邦共和国ロシアのなかでの領域的民族自治」という多数派の立場を支持していたが、A・バイトゥルスンとM・ドゥラトフは、独立・自立したカザフ国家の形成を目指す少数派の立場を支持していたとも言われる。しかし全員が、「カザフ人を植民地的くびきから解放」しようという点で一致していた。

（1）以下の記述のうち、サマルカンドとアルタイからも代表が参加した点、自治にアラシュという名を付けた点、およびアラシュ・オルダの創設は、実際には第一回大会ではなく、十二月五〜十三日に開かれた第二回全カザフ大会に関わるものである。また政教分離は、第一回大会の決議ではなく、十一月に発表されたアラシュ党の綱領案に記されている〔訳注〕。

以後、ステップとトルキスタンのあいだでは事態の推移に大きな違いが生じた。

Ⅱ　ボリシェヴィキによる政権奪取と内戦

一九一七年十月二十五日（ロシアが一八年二月一日に採用した新暦では十一月七日）にボリシェヴィキが政権を奪取し、臨時政府は倒れた。ボリシェヴィキの蜂起は、すぐにステップの主要都市（オムスク、オレンブルグ）に及んだ。早くも十月三十日には、ペロフスクにソヴェト権力が樹立された。

レーニンの政権掌握にかかわる諸事件と、それがカザフの辺境に及ぼした影響は、地域によって異なる展開を見せた。比較的平和なシュムケント、アウリエ・アタ、トルキスタン、カザリンスク、コクシェタウ、アクモリンスクとボケイ・オルダでは、ボリシェヴィキ側に移った地元守備隊の兵士と、臨時政府の支持者（コサック部隊に助けられていた）のあいだで戦闘が起きた。主要な武力対立が発生したのは、オレンブルグ、ウラル地方、セミレチエ、トルガイ、ウラリスク、セミパラチンスクである。ソヴェトによる実際の権力掌握には、一九一七年十一月から一八年三月までの四カ月がかかった。

ボリシェヴィキ政府が発した宣言と講じた措置のおもなものとしては、一九一七年十一月二日の「ロシア諸民族の権利の宣言」、十一月二十日の「ロシアと東方の全ムスリム勤労者へ」の呼びかけ、土地に関する布告、大企業と銀行の国有化がある。

一九一八年三月、領域全体がボリシェヴィキの網のなかに取り込まれた。しかし二カ月後、反革命勢力がシベリア、ウラルとヴォルガ中流の諸都市に現われ、ステップ地域にも及んだ。これが、内戦といわゆる「戦時共産主義」期の始まりであった。

一八年の五月から六月にかけて、アラシュ・オルダの戦士たちに支えられた白軍部隊が、ウラリスク、トルガイ、アクモリンスク、ペトロパヴロフスク、コスタナイ、セミパラチンスクの各地域を赤軍(一八年二月二十三日に正式に創設)から奪い返した。一八年夏には、オレンブルグ周辺に「アクテュビンスク戦線」や「ウラリスク戦線」が形成された。

そして、ステップ地方特別コミッサールであるカザフ人共産党員A・ジャンゲルディンの軍事遠征隊が、一九一八年七月十八日にモスクワを出発し、アクテュビンスク戦線に武器を供給すべく十一月十一日にシャルカル(チェルカル)に到着した。

イリ川地域における白衛軍の作戦、そしてヴェールヌイ、セルギオポリとサルカンドの占領ののち、「北セミレチエ戦線」が形成され、一八年秋には赤軍が深刻な敗北を蒙った。十一月に白軍のA・V・コルチャーク提督がオムスクを占領し、カザフ草原を封鎖した。これはトルキスタンを旧帝国の他の地域から孤立させ、地域全体で飢餓を引き起こした。

一九一九年四月四日、ボリシェヴィキ当局は、アラシュ・オルダのメンバーに恩赦を与えた。彼らは一八年冬以来、反革命・サボタージュおよび投機取締非常委員会(チェーカー)によって、「ブルジョワ・

反革命家」と宣告されていたのである。一九年五月、アラシュ・オルダの指導者の一部はソヴェト体制を公式に認め、のちにはロシア共産党に入党した。七月十日、レーニンはキルギズ（カザフ）地方統治革命委員会を設置する命令に署名した。中央政府との協議ののち委員会のおもな指導者となったのは、ジャンゲルディンのような最初のカザフ人共産党員と、アラシュ・オルダの元メンバーの一部であった。中央政府は彼らにカザフ草原の諸地域を委ねた。

九月十三日、赤軍はオレンブルグとトルキスタンを結ぶラインを奪回した。一九一九年末と二〇年初め、M・V・フルンゼ、V・V・クイブィシェフ、V・I・チャパエフが率い、D・A・フールマノフとA・T・ジャンゲルディンが補助する赤軍によって、コルチャークの軍隊は撃破された。ジャンゲルディンは、赤軍および住民のあいだでの宣伝活動に責任を持っていた。

Ⅲ　戦時共産主義の終わりとネップ

ボリシェヴィキ政権はステップ地域全体で権力を回復した。レーニンとカリーニンが署名した一九二〇年八月二十六日の布告により、初めて行政単位が形成された。オレンブルグを首都とする、「ロシア社会主義連邦ソヴェト共和国の枠内の自治キルギズ（カザフ）社会主義ソヴェト共和国」のことである。その領土は二〇〇万平方キロメートルに達し、人口は約五〇〇万人であった。一九二〇年十月四〜

十二日にオレンブルグで開かれた大会で自治共和国が正式に発足し、中央執行委員会議長にはS・メンデシェフ、人民委員会議議長にはV・ラドゥス＝ゼニコーヴィチが選ばれた。一年後には、第一回カザフスタン・コムソモール大会が開かれた。

内戦の終結は、戦時共産主義の終了でもあった。ネップ（ロシア共産党第一〇回大会の決定により導入された新経済政策）の開始のおかげで、経済生活は再び徐々に活気を帯びはじめた。しかし課題は手ごわいものだった。なぜなら工業生産は壊滅し、一九二〇年の時点で、戦前の能力の五分の一にしか達していなかったのである。農業もまた革命の大混乱で被害を受け、とくに播種面積の著しい減少に起因する、生産高の劇的な低下が見られた。過去の、そして来るべき出来事の影響を何よりも深刻に蒙ったのは、牧畜であった。最初の大飢饉は、オレンブルグ、ウラリスク、コスタナイ、アクテュビンスク、ボケイの諸地域に及んだ。地域の人口は、一九一四年に四八一万一六六二人[1]に達していたが、二二年には三七九万五九六三人しか残っていなかった。

（1）第一部第三章Vの五九一万人という数字と異なっているが、これは当時ステップ地方ではなくトルキスタン地方の一部とされていた南部（シルダリヤ）地域の人口を入れるか否かによる差だと思われる〔訳注〕。

同じ頃の一九二一〜二二年に行なわれた土地改革は、地域を襲った経済的破局に対する政治的対応となることを志したものだが、実際には経済的破局の一因となった。プロレタリアが非常に弱く、農民階級が「土地に縛りつけられていない」特殊な地域に、プロレタリア独裁と、植民地主義的残滓との闘争の理論を適用しようとしたのである。来るべき集団化と「クラーク（富農）撲滅」を準備する過渡的な措置が取られた。「封建的大所有者」、準封建領主やクラークの家畜の徴発、封建的と呼ばれた伝統的諸制度の廃止、政府と農民大衆をつなぐ相互扶助的な農民同盟の創設などである。

ロシア共産党の地方ネットワークが整ったのは、一九二一年六月に第一回カザフ地方党会議が開かれ、また二一年一〜二月の選挙で共和国の六五〇九のアウル（村）・ソヴェトと九三三の郷ソヴェトのメンバーを改選した後のことであった。いまだに遊牧ないし半遊牧的移動生活と、伝統的家父長制の価値基準によって全面的に支配されていたカザフの新たな現実において、行政の全段階で「社会主義を建設」する義務を負ったのは、このネットワークである。若いソヴェト政権は、「いわゆる封建的な」価値基準に対抗する政策を展開することになる。

第二章　スターリン時代

一九二二年四月のヨシフ・スターリンの書記長への選出、十二月三十日のソヴェト社会主義共和国連邦の形成宣言、そして一九二三年七月六日の最初のソ連憲法の採択は、カザフスタンのソヴェト化の重要な局面が拠って立つ歴史的・法的な基盤となった。

I　境界画定、工業化、集団化

一九二四年一月二十一日のレーニンの死後、十月十四日までに、中央アジアを民族の単位で分割する「領域的境界画定」が承認された。十月二十七日にトルキスタンのカザフ人地域をキルギズ・ソヴェト社会主義自治共和国（後にカザフ・ソヴェト社会主義自治共和国に改称）に割り当てる決定が正式になされた。その際、オレンブルグに替えて、クズルオルダが新首都に選定された。住民一五〇万人を擁する七〇万平方キロメートルの領土が追加され、これによりカザフスタンの経済的潜在力は大いに増した。ソ連指導部の課題は、すでに過敏な意識の見られるこのステップ地方という土壌において、民族革命を引き起こすことなく、一九一七年十月革命の成果を継承させることであった。

こんにちの共和国間およびその領域的下部単位間の行政的境界図は、一九二四年と三六年のあいだに形成された。それは各「大民族」に一つの共和国を割り当てることを意味したが、これはヨーロッパ思想に由来する考えに基づいており、民族的に非常に入り組んだ状態にある中央アジアでの適用は困難なものであった。ソヴェト政権は、境界画定する各領域にまとまりをもたせようとしたが、それらに名前を与えるにあたり迷いに陥った。当初、レーニンはこの地域をウズベク人、キルギズ人、そしてトルクメン人の国に分けようとしていた。カザフ人、タジク人は一顧だにされなかった。[1] だが、最終的には五つの連邦構成共和国が形成された。

(1) これは著者の誤解。レーニンの当初構想での「キルギズ人」は、一九二五年までのロシア語での語法に従って、カザフ人とクルグズ人の両方を含んでいた(第一部第三章Ⅳ参照)。境界画定の作業段階でクルグズ人が分離を要求し、独自の自治州(のち自治共和国を経て共和国に昇格)が形成された〔訳注〕。

ロシア共産党第一四回大会は一九二五年に国の工業化を宣言した。カザフスタンにとってそれは、原料資源に対する関心が増すことを意味し、まず調査が開始され(一九三一年に一四〇件以上の地質学探査を実施)、そして開発が行なわれることになった。その後、一九二八〜三二年の第一次五カ年計画が採択され、シベリアと中央アジアを結ぶ全長一四四五キロメートルのトルクシブ鉄道が一七カ月間で建設される(一九三〇年五月一日開業)などの目覚ましい成果を生んだ。

この時期には、一九一四年に一〇〇万人を数えたロシア人・ウクライナ人農民に加え、ロシア人移民の明白な増加がみられた。移民のなかには、バクーやグローズヌイの石油技術者の家族、またモスクワ、レニングラード、キエフ出身の単能工で、ドネツ炭田（ドンバス）やクズネック炭田（クズバス）に続けてカラガンダ炭田での生産を組織するためにやって来た人びとや、カザフ人の農村やアウル（牧村）を「ソヴェト化」するためにロシアから来たボリシェヴィキ活動家の労働者一二〇〇人がいた。

一九二七年十二月の次回党大会は農業の集団化を宣言し、それは一九三二年に達成された。集団化に伴って定住化も行なわれたが、何の準備もなく非常に短期間で行なわれたため、悲惨な社会的帰結をもたらした。

一九三〇年にカザフスタンの農民財産のうち二八パーセントが集団所有となっていたが、一九三二年末の時点では半遊牧の村の五四パーセント、遊牧の村の三五・一パーセントが集団化されていた。一九三七年には、集団化率は耕作可能地の全体の九七・五パーセント、家畜の八八パーセントに達した。カザフスタンにとって二回目となる土地改革が実施され、「封建的および半封建的」人物から財産を没収する激しいキャンペーン（一九二八年八月二十七日政令）のなかで、大規模な家畜所有者六五七人が一四万五〇〇〇頭の家畜を取り上げられた。

以前から始められていた定住化の過程の完了と、コルホーズやソフホーズといった新しい機構の形成を意味する集団化は、伝統的な生産様式と社会的紐帯の著しい不安定化を引き起こした。遊牧・半遊牧生活の社会経済的現実（たとえば土地の共同体所有）についての当局の無知は、カザフ人にこの政策を自分たちに対する重大な攻撃であると感じさせた。

移動性と厳密さを組みあわせた共同体機能を不可欠とするエコシステムにおいて、定住民によって定住民のために考案された社会主義システムの適用は、打撃として受けとめられることを避けられなかった。ただしコルホーズの組織化のミクロ社会学的分析は、当局が既存の社会的連帯のネットワークの破壊を最小限にとどめようと配慮したことを明らかにする。だが、新しい幹部階層と「プロレタリアート」を利するために社会の経済的エリートが排除されたことには変わりがなかった。

多数の遊牧民がコルホーズへの定住を拒否した。彼らは有力な部族組織が支配するものとは「別の共同体」に家畜を引き渡すよりはそれを殺したため、家畜の減少につながった。一九二九年には三九一〇万頭の家畜がいたのに対して、一九三三年一月一日には四四三万四〇〇〇頭しか残っていなかった。一九二六年から激しい飢餓が襲ったが、とくに一九三一年から三三年にかけてがひどかった。数百もの反乱の動きが記録されたが、なかでも新しい経済システムの実施に反対しておよそ八万人が参加したソザク（スザク。シルダリヤ管区の一地区）の反乱が特筆される。当局によってテロないし反ソ活動と見なされたこれらの行動は、一九一九〜二九年にトルキスタンを燃え上がらせたバスマチと呼ばれる運動を引き継いだ。早くも一九二〇年から、この地域の主要都市に多くの不満の波が出現していたことは事実である。

一九二九年五月に、アルマ・アタがカザフ自治共和国の首都となった。

II　カザフスタンにおける文化革命

文化戦線もまた、「新しい人間」を創造することを目論む広範な変革事業の対象となった。それは地域によってかなり局面の異なるものではあったが、中央アジアの他の地域と同様、カザフ・ステップにも影響を与える真の文化革命であった。

それはとくに、猛烈な識字キャンペーン（カザフスタンでの識字率は一九二六年に二二・八パーセントであったが、リクベズと呼ばれる文盲撲滅委員会の活動により、一九三九年には七六・三パーセントとなった）、そして新しい教師の養成を伴う学校網の段階的な設置（アバイ教育大学、キーロフ国立大学、多くの研究所の開設）を特色としている。これは言語改革、とくにソ連のテュルク諸語に関してアラブ＝ペルシア文字の撤廃とラテン文字の採用を決めた、一九二六年のバクー会議後の改革に基づいていた。

ソ連のイデオロギーは、地域の社会経済的発展の領域において最も決定的な局面の一つである女性の地位の改革にも取り組まなければならなかった。しかしステップにおける女性の状況は、トルキスタンのオアシスにおいて支配的であったものとはまったく異なっていた。隔離されず、ヴェールをかぶらず、表面的にのみイスラーム化されており、経済生活に緊密に参加していたカザフ人女性は、当局が推進する解放運動「フジュム」のイデオロギー上の優先的標的にはおよそなりえなかった。そのかわり、彼女たちの法的地位は、ソヴェト法のもとに置かれたソ連のムスリム全体に関して政権側が発する新しい政令に合わせて改変された。

一九二一年には一夫多妻とカリム（中央アジアにおける婚資）の禁止、結婚年齢の引き上げ（女子は十六歳、男子は十八歳に）がなされ、女性に投票権が付与された。

一九二四年には、シャリーアを適用するイスラーム法廷と、慣習法（アーダ）法廷が廃止された。新しいインテリゲンツィアの形成もまた、文化革命の基軸の一つであった。それは、（プロレタリア文化を目指した）プロレトクリトの運動によって始められ、一九二四年頃にそれが衰退してからは、「社会主義リアリズム」を通じて行なわれた、独自のソヴェト文化創成をよりどころとするものであった。

一九二六年にはカザフ・プロレタリア作家同盟が創設された。新しいソヴェト文学の最初期の作品や戯曲は、まとまったプロレタリアート層がないことをうけて、労働者についてではなく、綿作農民や畜産遊牧民について語っていた。しかしプロレタリア作家同盟も一九三二年に「民族主義的傾向」を理由に排除された。

ムフタル・アウエゾフのような数人の知識人は、この時期の不穏な情勢を切り抜けて芸術的使命を達成することに成功した（後述）。

Ⅲ 「変革の遅れ」に対するスターリンの反応

二〇年代の終わり以降、カザフスタンは、第二次世界大戦までのスターリンの政治を導く「人民の敵」シンドロームから逃れられなかった。民族問題人民委員部での勤務の際に共産主義とイスラームを調和させようとしたタタール人、スルタンガリエフが二度目に逮捕された一九二八年から、カザフ民族エリートの抑圧の時代が始まった。

民族的なものは階級意識に取って代わられて消滅しなければならないとするスターリン主義の企ての文脈のなかで、一九二八年に反革命的なブルジョワ民族主義者として非難された四四人が逮捕され、民族的大義に献身していたために有罪判決を下された。そのなかで、かつてアラシュ・オルダの構成員であったA・ボケイハノフ、A・バイトゥルスン、M・ジュマバエフ、J・アイマウトフも失脚した。二年後、M・トゥヌシュバエフ、Kh・ドスムハメドフを含む四〇人の知識人が標的となった。しかし、スターリン期のパージ（公職追放・粛清）の対象となったのは、体制に途中から加わって以来日和見主義の疑いをかけられていた現地エリートばかりではなかった。抑圧は拡大し、政治活動家（T・ルスクロフ、O・イサエフ、O・ジャンドソフ、J・サドワカソフ）から作家（B・マイリン、I・ジャンスグロフ）、学者（S・アスフェンディアロフ、K・ジュバノフ）まで社会のすべての層に及んだ。

集団化に抵抗する農民は、宗教的敵対者、反革命家、寄食者、サボタージュ屋、「日本を利するスパイ」とも呼ばれ、またムッラー、ムフティー、ムアッズィン、シャイフ、スーフィーの門弟は、キリスト教やユダヤ教の祭式執行者と同様、社会の社会主義化に抵抗したとして告発された。カザフスタンではカラガンダとアクモリンスク地域の二カ所に強制収容所が設けられた。カザフスタンの共産党員も容赦されず、トロツキズムや民族主義の非難を受けた。カザフスタンで最初のパージが起きた一九二一年に除名された党員は二一〇〇〇人いたが、一九二九〜三〇年には五八〇〇〇人にのぼり、一九三五年には一五万四〇〇〇人となった。

一九三六年十二月五日に新しいソ連憲法が採択されたのはこのような雰囲気においてであった。カザフ・ソヴェト社会主義自治共和国は完全なソヴェト社会主義共和国の地位を得た。一九三七〜三八年以降、すべての形態の反対派に対して追及がなされた。抑圧的な機構はあらゆる法的手段を用いた。ソヴェト空間のあらゆる場所と同様、「事件」は増加し、「人民の敵」や「民族主義的ファシスト」がでっち上げ裁判によって抹殺された。人びとは、疑いと密告の渦に巻き込まれることになった。カラガンダや他の場所における公開裁判のほか、遠くモスクワで被告席に座っていたブハーリンや他の共産主義者に死刑を求める集会が、カザフスタンでも起きた。

三〇年代には、知識人や政治・社会活動家といったカザフ社会のかけがえのない層が消滅した。カザフ人だけで一七四万五〇〇〇人が犠牲になったと推計されている。別の推計では、この期間全体で住民六四二万人中二二一〇万人が犠牲になったという。現在のカザフ人の書き手のなかには、カザフ人のジェノサイドであったと言ってためらわない者もいる。

Ⅳ　第二次世界大戦という転換点

一九四一年六月二十二日、ドイツがソ連に侵攻した。ソ連が第二次世界大戦に参戦したことをうけて、スターリンは、戦争努力への活発な参加と引き換えにカザフスタン市民への譲歩を行なった。実際、動員される確率は共和国市民の四人に一人という非常に高いものであった。

一九四一年一月一日の時点で、共和国の全人口は六二五万人に達していたが、戦争の数年間でおよそ一二〇万人が赤軍に徴兵され、そのなかにはカザフ人の作家や詩人九〇人も含まれていた。さらに七〇万人が、一九一六年の前例に倣って特別の建設部隊に入れられた。カザフスタンはまた、一九四一年から四五年のあいだに、士官学校二七校から一万六〇〇〇人以上の士官を送りだした。第二次世界大戦のソ連の犠牲者二七〇〇万人のうち、四一万人がカザフスタン出身者であった。ソ連邦英雄勲章を受章した一万一六〇〇人のうち、九七人のカザフ人を含む四九七人がカザフスタン市民であった。

戦争努力は経済の流れを前線に奉仕する方向へと根本的に転換させた。共和国は何よりもまず兵器廠として、また燃料・原料（石炭、銅、鉛）の供給地として有益であった。前線はつねにかなり離れていたものの、戦争状態が領土全域において宣言された。企業や一般市民への補給の困難は、占領軍に対して最も危険にさらされた企業、機関や住民のカザフスタンへの疎開によって改善されることになった。

ベラルーシ、ウクライナ、ロシアの一〇〇以上の大企業がアルマ・アタ、ウラリスク、ペトロパヴロスク、シュムケント、セミパラチンスク、カラガンダとアクテュビンスクに疎開させられた。一九四一年から四五年にかけて共和国で建設された工場、鉱山、生産施設の数は四六〇となった。工業生産は戦争のあいだに三七パーセント増加した。動員に起因する集団農場の幹部の不足のため、他の地域と同様、生産活動に女性が大規模に参加した。映画撮影所モスフィルムやその監督エイゼンシュテインがカザフスタンの首都に移され、戦後カザフ映画の揺籃となった。

もっとも、ソ連西部諸地域からアルマ・アタやカザフスタンの主要都市への四三万人（そのなかには労働者や坑夫、多数のアシュケナジーム・ユダヤ人がいた）の移住が、それだけで現在のカザフスタンの雑多な民族構成の説明になるわけではない。第二次世界大戦中にナチ軍に全面的に協力したとされた住民の大規模な強制移住は、一九八九年に一三〇近くの「民族」を数えるという結果をもたらし、人為的な民族問題の発火に一役買うことになった。こうして、一九四一年にはヴォルガ・ドイツ人自治共和国（三二万三〇〇〇人）[1]が廃止され、ロシアのドイツ人の追放先とされたカザフスタンは一九九一年まで彼らの主要な居住地となった。

（1）一九三九年国勢調査によればヴォルガ・ドイツ人自治共和国の人口は六〇万六五三二人、うち三六万六六八五人がドイツ人であった〔訳注〕。

一九四三年十～十一月、コーカサスのカラチャイ人四万五〇〇〇人の追放。一九四四年二月二十二日、コーカサスのチェチェン人およびイングシュ人計四〇万三〇〇〇人の追放。三〜四月、コーカサスのバルカル人二万一〇〇〇人の追放。五月、クリミア・タタール人の追放。十一月十五日、グルジアの「トルコ人」として知られていたメスフ人の、おもにウズベキスタンとカザフスタンに向けての追放。また、太平洋地域の朝鮮人一一万人の中央アジアへの追放。[1] 朝鮮人はこんにち、人口三〇万人で、中央アジアの最も重要な少数民族の一つである。そして一九四九年六月十四日には、グルジアのギリシア人三万七〇〇〇人がカザフスタンに追放された。

（1）朝鮮人の強制移住は一九三七年で、一七万二〇〇〇人が対象となった〔訳注〕。

フルシチョフが政権についてから、これらのうちいくつかの民族の名誉回復を行なったが、その際自治領域を復活させる場合とさせない場合があった。ソ連崩壊後、カザフ民族主義者は、スターリン時代のカザフスタンについて、「あたかもカザフ人自身が罰せられたかのような」正真正銘の収容所として言及するようになった。

また、核の分野で研究を続けることによって戦略的潜在力を増強しようとするソヴェト政権は、カザフスタンを実験場として選んだ。実験は、環境と国民の健康に重大な影響をもたらすことになる。

一九四八年のソ連閣僚会議決定により、セミパラチンスク核実験場が建設された。一九四九年八月二十九日に、カザフスタンで原子爆弾の最初の爆発実験が行なわれた（ソ連が水素爆弾を持つのは一九五三年八月十二日である）。この日から一九六三年までに、一一三回の大気中核実験が行なわれ、また一九六四年から八九年十月十九日までは、一五〇キロトンに達する威力を持つ地下核実験が三四三回行なわれた。カザフスタンではこの経験に基づいて反核感情が成長し、八〇年代なかばから政治的に表現されるようになった。カザフスタンはまた、一九六一年四月十二日に初めての有人宇宙船が飛び立ったバイコヌル宇宙基地によっても知られている。

V　イデオロギー戦線の新しい状況

第二次世界大戦は他方で、スターリンに中央アジアにおける抑圧的な政策、とくに宗教的領域における政策の完全な見直しを実行させた。つまり、一九四三年から国家とイスラームの関係の正常化の時代が始まった。全国で四つの公認組織のうち最も主要なものとして「中央アジア・カザフスタン・ムスリム宗務局」が設立され、イスラームに公的な地位が授けられた。

反面、戦争のトラウマが、四〇年代終わりの文化作品に現われた。しかしスターリンはナチズムに対する勝利をイデオロギー闘争の強化に利用し、ソヴェト政権は彼への個人崇拝を奨励しつづけた。

戦後の雰囲気を例証するものとして、「ベクマハノフ事件」がある。傑出した歴史家ベクマハノフは、一九四三年に出版された『カザフ・ソヴェト社会主義共和国の歴史』の編纂に参加したが、この本は「ロシアに対する民族的蜂起を理想化した反ロシア的書物」だという一部の非難を呼び、論争を引き起こした。一九五〇年十二月二十六日に『プラウダ』紙に痛烈な批判記事が掲載された後、彼は一九五二年十二月四日に、「ブルジョワ民族主義者」として二五年間の収容所送りを宣告された。これは、『十九世紀二〇～四〇年代のカザフスタン』というモノグラフで、ケネサル・カスモフの反乱を階級運動として解釈することが必要とされていたにもかかわらず民族解放運動として提示し、「政治的に有害」な意見を表現したためとされた。スターリン死後、ベクマハノフの一件書類は再検討され、彼は一九五四年春にカザフスタンに戻った。他の知識人、作家や学者もコスモポリタニズムのかどで政治的・司法的抑圧の標的となり、カザフスタン科学アカデミー総裁K・サトバエフや作家ムフタル・アウエゾフはモスクワの同僚たちのそばに避難先を見出した。彼ら、とくに後者は、「封建的・反人民的」と評された民族叙事詩を非難するスターリンの命令（「コブランドゥ・バトゥル」、「アルパミシュ」、「マナス」および「ゴログリ」に関する一九四六年の全連邦共産党中央委員会決定[1]）に反対したとして訴追された。

（1）訳者の知る限りこのような決定は存在しない。ソ連当局によるテュルク系叙事詩への批判は一九四四年の「イデゲイ（エディゲ）」批判を嚆矢とするが、ここに名の挙げられている叙事詩は四〇年代にはむしろ賞揚されていた。多くのテュルク系叙事詩が批判の対象となったのは一九五一～五二年であるが、全体を包括するような決定は見当たらない〔訳注〕。

一九四六年に、ソ連は一億七二〇〇万人の人口を数えたが、それは一九三九年と同じ水準であった。経済的・軍事的な潜在力はスターリンの政治的選択によって深刻な打撃を与えられた。一九五三年三月五日の彼の死は、カザフスタンを含むソ連の歴史にとって新しい時代を開いた。国外では世界の二極化が続いていた。一九五三年九月七日、ニキータ・フルシチョフがソ連共産党第一書記になった。

第三章　ソヴェト空間への統合
――フルシチョフからブレジネフまでの経済と文化

新しい第一書記は大規模な改革に着手する必要性を認識し、新しい空間の征服に関心を抱いた。フルシチョフ期はまた、イデオロギー的にも政治的にもソ連史における真の転換点となった。

I　壮大な「処女地」開拓と経済の再編

ニキータ・フルシチョフは社会全体を変化に参加させることを望んだ。価格の崩壊を避けるため、また国が直面する農業問題に立ち向かうため、いくつかの措置がとられたものの、ソ連農業は一九一三年の水準を取り戻してはいなかった。一九五四年二～三月のソ連共産党中央委員会総会において、フルシチョフは農業を再建するために処女地の活用を提案した。これにより、二〇〇万人近くの志願者がカザフスタンに押し寄せ、六年間に二五〇〇万ヘクタールを開拓することになった。一九六二年には、カザフ人はカザフスタンの人口の二九パーセントしか占めなくなっていた。

この計画はとくにシベリア、アルタイ、ウラル、そしてカザフスタンに影響を与えるものだった。三七〇〇万ヘクタールが開拓された。コムソモール員や囚人がこれらの土地を肥沃にする作業を引き受けることになった。一九五六年は穀物生産にとって記録的な年になった。フルシチョフの壮大な計画を実現させるためにやって来た志願者数千人が、一九五八年八月一日、生活条件の不安を訴えてテミルタウにおいて示威行動を起こした。「ツェリンヌイ・クライ（処女地地方）」がカザフスタン北部に形成されるのは、一九六〇年十二月のことだった。

党幹部の一定の入れ替えが行なわれた。カザフスタン共産党の意思とは無関係に、クレムリンの簡単な決定によって、第一書記がJ・シャヤフメトフからP・K・ポノマレンコに替えられ、第二書記にはレオニード・ブレジネフが就いた。

コルホーズ政策はすでにいくつかの変更をみており、とくに経営費用の軽減のための再編がなされていた。ソ連全体のコルホーズの数は、一九五〇年の二五万から、一九五二年には一四万に減少していた。六〇年代、とりわけ一九六五年の改革後において目覚しい進歩がみられたのは、とくに工業の分野（電気エネルギー業、石油・石炭・鉄金属・非鉄金属の採掘業、重金属・化学・食品工業）であった。

一方で、社会は権力の関心からますます疎遠になっていた。一九五八〜五九年におけるテミルタウでの社会的異議申し立ては、基本的に受動的ながらも繰り返し激しいかたちで現われる、潜在的な政治的自覚の誕生の予兆に過ぎなかった。一九七〇年に労働者階級は三四〇万人、つまり一九四〇年の五倍を数えたが、コルホーズ員は少数派であった。

戦争および社会と職業の基盤の破壊によって深く傷つけられたソヴェト経済の息を吹き返させようとする努力と平行して、民主化の最初の鐘が鳴らされた。

II　政治と文化の雪解け

五〇年代なかばは、カザフスタンにも影響を与えた、政治と文化の雪解けの時期にあたる。一九五五年にドイツ人の、そして一九五七年一月にはバルカル人、チェチェン人、イングシュ人、カルムィク人、カラチャイ人の復権がなされたのに加えて、一九五六年は脱スターリン化の始まりを示すソ連共産党第二〇回党大会の年であった。

カザフ民族知識人の成長に対する一九三七〜三八年の抑圧の影響は、一九六〇年代末に教育分野の発展と社会的流動性の増大によって穴埋めされる方向に向かった。一九五九年に知識人ないし「文化労働者」が就労人口の一六パーセントを占めていたのに対して、一九七〇年にはその割合は二五パーセントに増大した。カザフ・ソヴェト文学は他の科学・文化（とくに映画、音楽、詩、演劇）とともに、開花の時期を迎えた。ソ連が擁護していた国際的な脱植民地化という文脈において、作者たちは民族解放運動の問題に取り組む権利を得た。一般的に、歴史に関する言説のある程度の自由化がみられた。

一九四五年から五七年にかけて、カザフスタンの高等教育機関は四万三五〇〇人の専門家を養成したが、そのうち一万六五〇〇人がカザフ人であった。一九六〇年から七七年にかけて高等・中等専門教育機関の教育を受けたカザフ人の数は、六万五〇〇〇人から三一万五〇〇〇人へと五倍に増えた（同時期のロシア人高等・中等専門教育修了者の半数ではあるものの）。一九五六年に出版されたムフタル・アウエゾフの小説『アバイの道』は、モスクワにおけるソヴェト文学者会議で著者と出会ったルイ・アラゴンを介してアントワーヌ・ヴィテーズにより翻訳され、国際的な反響を呼んだ。

しかし、フルシチョフ期の一一年間は、システム固有の矛盾にある程度、光を当てたに過ぎなかった。次の時期には民族意識が結晶化されていくが、これが真の自覚に変わるのは、ゴルバチョフ期においてであった。

Ⅲ　ブレジネフ期の停滞——均衡か、それとも潜在的危機か？

一九六四年十月十四日、ソ連共産党中央委員会総会において、ニキータ・フルシチョフに替わり、レオニード・ブレジネフがソ連共産党第一書記（のち書記長）の職位に就いた。のちに「停滞の時代」と批判される、新しい時代が始まった。一九八四年まで続くこの時代は、事なかれ主義と保守主義の雰囲気に包まれたが、こんにちにおいて回顧的な一部の人びとのあいだでは、失われた黄金時代と見なされている。

　前任者の「主観主義的・主意主義的政治」を激しく非難しつつ、レオニード・ブレジネフもまた、労働を合理化しシステムの緩慢さを改善する改革（一九六五年）を提案し、ソヴェト経済の建て直しにかかりきりとなった。しかしながら、その意志も急速に惰性や一時しのぎの行動に取って代わられた。とはいえ、一九六五年から八五年までの二〇年間に、カザフ共和国はソ連における最も工業化した地域の一つに変化した。一九七〇年代初めに、「パヴロダル＝エキバストゥズ」「マングスタウ」「カラタウ＝ジャンブル」「シュムケント」といった、工業の大規模な地域・生産複合体（ＴＰＫ）が形成された。同時に、工場労働者の数は二〇三パーセント増加し、一九八五年には総就労人口のおよそ三分の一に達した。一九八九年に、カザフスタンにおける人口五万人以上の都市数は三四を数え、うち二二市が一〇万人以上、七市が三〇万人以上となったのである。

　この頃から、ソ連の共産党諸機関における現地エリートの関与は、頂点に達するようになった。幹部のこの現地化の過程は、フルシチョフによって推進されたものであった。スターリン期の抑圧の嵐が、中央アジアの住民を国家の政治機構から遮断していた。ブレジネフは人びとに対して共産党の序列に加わるように促すことで、彼らに再び意欲を持たせようとしたのである。

　「ムスリム諸共和国」では、共産党への入党率は他の連邦構成共和国にくらべて低かった。党員の募集はまずはプロレタリア階級から行なわれたが、ムスリム諸共和国の住民は何よりも家畜飼育者と農耕者から構成されていた（とくにカザフスタンにおいては、家畜飼育がコルホーズにおけるカザフ人の専有業のままでであった）。一九二七年における共産党員の対人口比率は三・五パーセントであり、一九八六年には六パーセントであった。五〇年代末から六〇年代にかけて、現地指導者は「個人的に」自分たちの共和国を管理するうえで、中央の機構に入り込むことによって得られる利益を理解したようである。また、党の指導者が充分なカリスマを持っていたために、現地の共産党加入者は増加した。カザフスタンにおいては、キーパーソンは一九一二年生まれで一九六〇年（一時解任後、六四年に再任）にカザフスタン共産党第一書記となったディンムハメド・コナエフであった。社会主義労働英雄の称号を三度授与された彼は、文字通り個人崇拝の対象となった。彼は、住民の民族的再認識の要求に応える「地に根を下ろした」社会と政治のアイデンティティのかたちを体現した。一九六四年から八六年までのその「治世」のあいだ、コナエフは自身の共和国の共産党員数をかなり増加させた。これと並行して、コナエフ期はカザフスタンの党と政治機構にとっての「大ジュズ化」の時代を意味していた。大ジュズは、経済活動の主要な部門にも力をふるっていた。彼の引退に際して、ロシア人ゲンナジー・コルビンが後任になるという知らせは、一九八六年十二月のアルマ・アタでの騒乱の引き金となった（後述）。

コナエフ期の二十数年間は、とくにその長さと指導者の有能さにより、カザフ共和国において政治が非常に安定していた時期に当たる。上下の忠誠関係のネットワークと再分配の構造は、ある種の繁栄をもたらした。一九七〇年から八五年にかけての三〇〇万人以上のための住居の建設とともに、都市化が進んだ（都市住民は一九二〇年には七パーセントだったものの、五九年に四四パーセント、七九年に五四パーセント、九一年には五七・六パーセントとなった）。消費財は流通し、衛生状態は改善された。しかしながら、一九八六年以降、コルホーズやソフホーズの大多数は赤字であり、貸付によって生きながらえていた。潜在的な経済危機は、とくに農業部門において激化した。

カザフ共和国新憲法（一九七八年四月）の前年に採択された一九七七年のソ連新憲法は、先の改革（一九五六〜六五年）の挫折によっていささか弱められた社会の発意を、再び活性化しようとするものだった。「発達した社会主義」を自賛するブレジネフのイデオロギー的議論も、もはや「政治路線の変更」にうんざりしたソヴェト市民のアパシーや無関心を払拭するには至らなかった。繰り返し叫ばれる「諸民族の揺るぎない友好」についてのスローガンは、増大する民族的・社会的亀裂を覆い隠していた。亀裂はソ連の民族政策や民族的基準によって、むしろ助長されていた。「ソ連諸民族の接近と融合」についてのレトリックが強調されればされるほど、民族的現実に関する市民の内省は深まった。ロシア語教育網の発達にとって有利なさまざまな政令や、カザフ領のツェリノグラード（アクモラ）、パヴロダル、カラガンダ周辺にドイツ人自治州を創設するという一九七九年春の政治局の決定は、民族エリートのあいだに初めて民族的な自覚を呼び起こした。一九五四年から八六年のあいだに、カザフ語で教育を行なう学校六〇〇校以上が閉鎖され、住民の多くの社会層でのカザフ語の衰退が明らかになり、こんにちでは「マンクルト」という概念で言及されるところとなっている。「マンクルト」はチンギズ・アイトマトフの小説に出てくる言葉で、根なし草的人間、「アスファルト的カザフ人」の意味で使われるのである。

ロシアの有名な年代記である十二世紀の『イーゴリ軍記』を、ロシア世界とテュルク世界の文化的収斂という視角から照射した、詩人オルジャス・スレイメノフの著作『アズ・イ・ヤ』が一九七五年にアルマ・アタで出版されたことは、検閲当局の激怒を招くとともに、若い世代に強い影響を与えた。また、一九七九年六月十六日には、カザフ人学生グループがツェリノグラード（アクモラ）のレーニン広場に集まり、「不可分のカザフスタン」についてのスローガンを叫んだ。大規模なデモを前にして、共産党とKGBの現地当局は、ドイツ人自治州の創設は実行されないと発表し、事件についての噂が広まらないよう必要な措置をとった。

一九七九年十二月には、ソ連のアフガニスタンに対する介入が始まった。一九八〇年三月、カーブルに送られた中央アジアの予備役軍人が帰還した。多数の死者が出たことを嘆く人びとは、アルマ・アタの軍人墓地にアフガニスタンで殺されたムスリム兵士が埋葬されるに際して、騒動を引き起こした。一九七九年はまた、イラン革命が起きた年でもあった。これらは間違いなく、ソ連全体と、とりわけカザフスタンの歴史的展開にとって、転換点となるできごとであった。

第四章　主権の主張――ペレストロイカから一九九一年まで

八〇年代初めに、ソ連社会は経済的、政治的、社会的危機の時期に決定的に陥った。諸悪の根源は社会主義的発展の歩みの弛緩にあると見なされたため、問題はそのリズムが速められなければならないことにあるとさしあたり診断された。

一九八二年十一月にレオニード・ブレジネフが死去し、ソ連共産党書記長はユーリー・アンドロポフに替わった。アンドロポフは、労働規律の強化とアルコール依存症との闘いを含む新しい改革の事業に乗りだしたが、一九八四年二月に彼が亡くなったことにより、これは中断された。彼の後継者コンスタンチン・チェルネンコもまた、ソ連の階層秩序の頂点に立った期間は短く、一九八五年三月十日に死去した。早くも翌日にはミハイル・ゴルバチョフがその後任となった。

カザフ共和国で独特な歩みを見せることになる、ペレストロイカ（建て直し）とグラスノスチ（公開性）の政策が始まった。それは三段階に分かれ、その象徴的な転換点は一九八六年十二月であった。

I　カザフスタンにおけるペレストロイカの諸段階

第一段階は一九八五年三月から一九八七年夏までである。中央アジアでは、状況は特別な様相を呈した。一九八六年二月のソ連共産党第二七回党大会において、各共和国の最高位の高官、つまりカザフスタンに関してはディンムハメド・コナエフに、その経済危機の責任があるとされたことにより、ペレストロイカとグラスノスチは現地の権力の砦への打撃を意味した（後述）。

このような政治行政機構の浄化とモスクワによる再掌握の戦略は必然的に、現地共産党機関内でのパージをもたらすものであった。パージの理由はさまざまであった。社会的財産の濫用（カザフスタンでエネルギー、機械生産、冶金工業、農業などを担当する大臣たちは、モスクワからの補助金のほとんどすべてを流用していた）や宗教行事を組織したり、はたまたそうした行事に参加しているとさえ非難された。一九八六年二月六〜八日のカザフスタン共産党第一六回大会は、幹部五〇〇人以上が解任されたことを発表した。しかしカザフスタン市民にとっては、「中央」による現地ノーメンクラトゥーラに対する攻撃は、民族の自尊心を傷つけることと同じだと感じられた。

一九八六年十二月の転機について記すことにしよう。民族的な希求の結晶化は、ペレストロイカ初期の一九八六年十二月に、ゴルバチョフがカザフスタン共産党第一書記にコナエフに替えてロシア人のコルビンを就けようとした際の、アルマ・アタでの流血事件から始まった。

一九八六年十二月十六日朝、一八分間の会議ののち、第五回カザフスタン共産党中央委員会総会は、二二年間第一書記を務めつづけたディンムハメド・コナエフの替わりに、ウリヤノフスク州委員会第一書記のゲンナジー・コルビンを指名した。その翌日に首都では学生や労働者の一連のデモが始まり（当初は平和的）、カザフスタンの他の町に拡がりをみせ、当局の対話拒否が明らかにされたことをうけて過激化した。逮捕者は八〇〇〇人以上に上った。八〇〇〇人近くが共産党から除名された。コムソモールから除名された人はそれよりも多く、また何百人もの学生や従業員が大学や企業から除籍・解雇された。ソ連共産党中央委員会は一九八七年七月の決議において、アルマ・アタ事件を「カザフ民族主義の発露」としてとらえた。犠牲者の数については、死者数人から数百人といわれ、はっきりとはしていない。なお、デモの際に唱えられたスローガンのなかには、「カザフ人のためのカザフスタン」というものがあった。

第二段階は一九八七年夏から一九八九年五月までである。民主化と開放への意欲をゴルバチョフが告げると、社会の領域で期待がもたれ、よい展望がなされるようになったものの、経済の領域では急速な悪化がみられた。意味を喪失したスローガンによって育てられた若者が活性化され、政治的多元主義が生まれた。すべての共和国で、市民ネットワークや、民族主義的ないし宗教的な傾向を持つ民主化運動が出現した。

ペレストロイカに特徴的な政治的成熟は、イスラーム的要素とさまざまな新しい価値の追求を綱領に統合する、民族主義的感覚をもった集団の形成を可能とした。アルマ・アタのムフティー庁も、ムフティーのラトベク・ヌサンバエフに率いられて、中央アジア・カザフスタン・ムスリム宗務局から分離した。二三〇以上の宗教団体が登録され、イスラーム高等学院が首都で開校した。

カザフスタンでは、この段階で非公式団体や集団が形成されたが、そのいくつかは一九九〇年三月のソ連憲法改正により複数政党制が導入されて以降、政党化した。それらのうち最も活動的なものは、一九八九年二月に設立された、詩人オルジャス・スレイメノフが議長を務め核実験廃止に向けて活動する「ネヴァダ・セミパラチンスク」運動と、一九八八年十二月に設立された、スターリン粛清による犠牲者の名誉回復のための「アタメケン」運動であった。

カザフ語の国家語としての承認（「アナ・ティリ」協会）、環境保護、核実験に関する国防機密の解除、モスクワによる資源管理の廃止を想定した経済主権の確立が、これらの運動の主要なスローガンとなった。

一九八八年から、農業・工業生産高は壊滅的となった。一年間に、通貨レートは一ドル＝一〇ルーブリから一一〇ルーブリになった。企業の自立はひどく阻害された。経済危機は公的経済と「闇経済」の亀裂同様、さらに深刻化した。

第三段階は一九八九年五月から一九九一年八月までである。新設のソ連人民代議員大会を選んだ一九八九年春の選挙は、カザフスタンの歴史の転換点となり、社会主義経済から市場経済への漸進的移行についての議論を用意した。経済決定の分権化は、すべてのレベルにおける共産党決定機関の指導的地位の喪失と同時に起きた。

一九八六年十二月の事件の参加者数十人は即決裁判で有罪判決を受け、九〇年に判決が取り消されるまで投獄されていた。沈黙の掟は一九八九年五～六月の第一回ソ連人民代議員大会において、人民代議員M・シャハノフによって破られた。激しい批判が指導者に対してなされた。中央と周縁共和国とのあいだに新しい関係が確立されなければならないという、一九八八年からバルト諸国の民主派活動家によってすでに投げかけられていた問題が遍在化した。

ペレストロイカ後期において、政治集団、党ないし団体は、個々のエスニシティと少数派の権利の保護に傾倒したが、同時に名称民族〔共和国の名の元となった民族〕の民族主義も燃え上がった。カザフ人の民族主義的感情は、一九八六年十二月の事件に対する抑圧の犠牲者によって一九九〇年三月に公式に登録された「ジェルトクサン（十二月）」や、カザフスタンの国民復興を促進するためにムスリムの連帯とテュルク人の統一をよりどころとする「アラシュ」党（一九九〇年四月結成）に代表された。

これに対し、ロシア人住民の利益を保護するために、一九九〇年九月に「インテルフロント」が結成された。コサック勢力圏におけるさまざまな団体にとっては、法的な認定を得ることはきわめて困難だった。一九九〇年八月に結成された、科学・技術インテリゲンツィアからメンバーを募る「エジンストヴォ（統一）」は、多民族的であろうとする稀有な運動の一つであった。他方、「共和主義的な視点をもつ市民運動」を自称する、一九九〇年六月に結成された「アザト（自由）」運動は、事実上の国家主権の確立を求め、重要な潮流を代表した。同運動は、一九九一年秋に政党に完全に移行した。同じ頃、カザフスタン社会民主党も結成された。

ルーツへの回帰の欲求を癒すための系譜研究サークルと並んで、多くの団体、文化集団、社会職業集団が出現した。カザフ語の保護のための「カザク・ティリ（カザフ語）」協会、市民社会の創造と人道主義的・倫理的原則の普及のために活動する「アディレト（正義）」歴史協会などである。壊滅に瀕していたコムソモールに替わり、「独立学生同盟」や「シャヌラク」「ジェルユク」「アルトゥン・ベシク」といった青年団体が生まれた。また、「アザマト（市民）」「アキカト（真実）」「カザフスタン・ムスリム女性連盟」「アフガニスタン戦争退役軍人組織」なども生まれた。一般に、女性はとても活動的で、多くの文化的、芸術的、人道主義的組織に参加した。

一九九〇年十一月初めの時点で、カザフスタンでは一〇〇以上（一九九一年には一二〇）もの政治団体が登録されていたが、うち四〇は首都にあった。共産党の党員数は減ったが（一九九〇年に五万人減）、依然として八〇万人の党員を擁する最大政党で、議会でも五二・七パーセントを占める、影響力のある集団であった。

不満は増大した。一九八九年六月のノーヴイ・ウゼニにおけるような流血事件が起き、また七月のカラガンダの坑夫たちのストに代表される抗議運動も多く起きた。これらの問題が前向きに解決されたのは、カザフスタン共産党第一書記に任命されたばかりのヌルスルタン・ナザルバエフの、信念の力によるものであった。ストを起こした者たちと同様、将来のカザフスタン共和国大統領は、中央の権力独占の終了、すなわち共和国領土にあるコンビナートの経済的独立を訴えた。また、一九九〇年九月にスターリン期の抑圧犠牲者の名誉回復に関する法に署名し、その後数カ月のあいだに三万人以上を復権させた。

ところで、カザフスタンでの政治的競争の構図は、一九八九年国勢調査でカザフ人六五〇万人、ロシア人六二〇万人、ドイツ人九五万八〇〇〇人、ウクライナ人八九万六〇〇〇人、その他さまざまなより少数の諸民族がいると記録されたこの共和国の、多民族的な特徴を反映している。人口変動により、カザフ人とロシア人の人口比率が一九七〇年代末以降反転した（三九・八パーセント対三八パーセント）ことは、共和国の名称民族にとって再び有利となった。

一九九〇年四月の共和国最高会議によって、ヌルスルタン・ナザルバエフがカザフ・ソヴェト社会主義共和国の大統領に選出された。彼は、どのような将来が自身を待ち受けているかを知ってはいなかったが、国家を主権化の軌道に乗せる覚悟はできていた。

Ⅱ　主権から独立へ

一九九〇年十月に議会の決議によってカザフスタンが国家主権を宣言したのは、上記のような政治と社会の激動の文脈においてであった。一九八八年にバルト諸国が最初に主権を宣言してから、ロシア、ウズベキスタン、ウクライナなどと続いたその後のことであり、幾分かの遅れをとった後にはじめて他の共和国と足並みを揃えたことは確かであるにはせよ、ソヴェト機構全体に強烈な打撃を与えたことにかわりはない。

当初、この主権宣言は形式的なものに過ぎなかったが、中央の権力は、共和国から発せられた曖昧な意思表示をも分離主義・地域主義として非難した。ゴルバチョフは一九九〇年には国家連合構想に傾倒したがうまくいかず、ソ連は慣性のままに動くようになり、周縁は完全に流動的な状況のなかで活発化した。続いて、ロシア語の脱公用語化と、国家語としてのカザフ語への置き換え（一九八九年九月二十二日の法）がなされたが、これはペレストロイカ期に実現された唯一効果的な法的決定と見なされる。一九九〇年は、とりわけアルマ・アタの議会前のレーニン広場における日常的な集会という形をとって、持続的な抗議の環境が作られた年でもある。政治組織は活動をいっそう増大させた。青年たちはソ連軍の改革を求め、コサックは一九九一年九月十五日にウラリスクで（「ツァーリと祖国への四〇〇年間にわたる奉仕」を記念する）総会を準備し、カザフ民族主義政党との流血の対立を招きそうになった。いずれにせよ、民族主義者の一部は急進化し、たとえば「アラシュ」の指導者たちは、一九九一年十二月十三日から十五日にかけて大ムフティーのR・ヌサンバエフを人質にとり、彼が汚職をしたとして、また大統領の操り人形であるとして非難した。その後、党首A・アタベクはバクーに亡命した。

こうして、一九八五年から九一年にかけて、近隣の中央アジア社会同様、政治的・社会文化的な熱狂がカザフスタンをとらえたのである。これは以下のようないくつかの相伴う現象として現われた。

――ペレストロイカのおかげで（少なくとも団体の枠内で）ある種の政治的・法的な形式化を導くこと

ができるような、すべての人のアイデンティティの覚醒。

——ソ連の枠内に留まりつつ主権の領域を探し求める、各共和国内の主要な民族によるアイデンティティの表明。また過激な民族主義的気分と並んで、リベラルというよりは伝統主義的な経済モデルを好む傾向（つまり「外国による植民地化」への反対）、およびスラヴ系住民のプレゼンスの問題。

——国家のみならず領土を保有する見通しの保証がなされない少数民族の反応。彼らにとっては、法的に承認される新しい空間のための闘争という新しい一歩が踏みだされはじめることになった。

以上は、一九九一年三月十七日にM・ゴルバチョフの提案による国民投票で、刷新された連邦の維持に対する支持をカザフスタン住民の圧倒的多数が表明することを阻むものではなかった。言論の自由は、数十年にわたってこの国に打撃を与えてきた問題、とくにアラル海の悲劇、核実験によってもたらされた保健面での影響や、日常生活の困難を暴露することを可能にした。反アルコール・キャンペーンは社会を相当程度疲弊させ（とりわけカザフスタンの葡萄畑の破壊を招いた）、ゴルバチョフ本人に対する非常に強い反感が生まれた。彼は、社会の仕組みを破壊しソ連人の生活レベルを下落させた、ソ連の「墓掘り人」として非難されることになる。

一方で、一九八九年二月十五日に完了した、ソ連兵士のアフガニスタンからの全面撤退は、ゴルバチョフによって指導されるソ連の対外政策の重大な変更を告げた。この変更は、ポーランド、ブルガリア、ルーマニア、東ドイツ、ハンガリー、そしてチェコスロヴァキアでの共産党体制の崩壊に続く、一九九一年七月一日のワルシャワ条約機構の解消の後には、ますます不可避となった。ポーランド、ハンガリー、チェコスロヴァキア駐留のソ連軍で勤務していた多くのカザフスタン市民が帰国した。

Ⅲ　経済の開放に向かって

八〇年代の終わりはソ連の経済活動の断絶をも意味しており、カザフスタンは徐々にではあるものの、直接の国外パートナーを多様化させていった。

輸出商品（九七パーセントは一次産品、材料、半製品）の量ではソ連のなかで第五位であったカザフスタンは、経済的な主権を確立することを狙った措置をとった。たとえば、「カザフ・ソヴェト社会主義共和国における外国投資」法の制定や、対外経済関係省、カザフスタン対外経済銀行、経済交流団体やコンソーシアムの設立を行なっている。一九九〇年十一月には、外国が参加した初めての銀行が設立された（サウジアラビアとの協力による「カザフスタン・アルバラカ銀行」）。同様に、カザフスタンの朝鮮系や回族（中国系ムスリム）コミュニティ出身のビジネスマンの活動力を活かして、韓国（「サムスン」「金星」）および中国との商業関係が充実した（対中貿易は一九八六年の四〇〇万ルーブルから二一七〇万ルーブリに増加）。一九九一年の上半期において、二四カ国との三五の合弁企業が設立された。投資家を引き付けるため、五年間の免税措置が取られた。合弁企業には、どちらかといえば生活必需品の生産が奨励された。経済危機は深まり、在庫切れはますます頻繁になり、いくつかの工業都市は配給票によって機能した。

いくつかの日付を示せば、一九九一年のあいだに、対外関係の運営においてカザフスタンの自立性がいかに増したかを明らかにすることができる。一九九一年一月十日、米国の経済学者チャン・ヤン・ベンがナザルバエフ大統領のチームに加わった。一月十二日には、カザフスタンとベラルーシとのあいだに経済・学術協力協定が結ばれた。一月三十一日、カラガンダに最初の民間小企業が開業し、三月にはトルコのトゥルグト・オザル大統領がアルマ・アタを公式訪問し（ナザルバエフは九月二十五日に同国を答礼訪問）、七月二十日には新疆とカザフスタン間の鉄道が正式に開通した。

転機は、一九九一年八月のクーデターを生じさせた、最高権威の否定の精神によって訪れた。

一九九一年八月十九日の朝のラジオで放送された声明によって、ミハイル・ゴルバチョフ・ソ連大統領が健康を理由に、自身の権限をG・I・ヤナエフ副大統領と、八人から成る特別委員会へ委譲することをソ連市民は知った。委員会は非常事態を宣言し、主権共和国を命令に従わせようとした（八月二十日には、各共和国の権限を再定義したゴルバチョフ提案による新連邦条約が調印される予定であった）。カザフスタンにおいては、さまざまな反応がみられた。住民のごく一部は、経済状態を再建すると約束したクーデター派委員会の権力掌握を喜んだ。しかしながら、大多数は否定的な態度を示した。「アザト」「ジェルトクサン」やカザフスタン社会民主党などの政治集団は、中央の指令に服従しないよう住民に促した。ヌルスルタン・ナザルバエフは八月十九日に、テレビ演説で同胞に対して平静を保つよう呼びかけ、モスクワによって発令された非常事態宣言を適用しないことを発表した。しかし、彼は隣国クルグズスタンのアスカル・アカエフ大統領とは異なり、委員会の設立は批判しなかった。それでも、翌日には彼は演説のなかで、委員会の行動は憲法違反だと強調した。非常に段取りが悪く、モスクワ市民からも他のソ連人からもほとんど支持されないクーデターは、すぐに失敗した。ゴルバチョフは八月二十二日にモスクワに帰還した。クーデター派の委員会指導者たちは逮捕された。

Ⅳ 独立に向かう最後の直線……

クーデター直後から、ヌルスルタン・ナザルバエフは共和国の経済的主権を強化する一連の大統領令を発した。なかでも重要なのはカザフスタン安全保障会議と金準備制度の創設である。また、セミパラチンスクにおける核実験の停止という、彼の多大な人気を確実にする措置もとった。さらに、カザフスタン共産党自体がソ連共産党から分離するほんの少し前の八月二十二日には、ソ連共産党中央委員会委員を辞任した。

一九九一年九月七日の臨時大会において、カザフスタン共産党は新政党である社会党を結成するため、解散を決定した。数ヵ月後、年金生活者が主体となる新しい共産党が再結成された。共産主義青年同盟もその名を変更した。一九八七年以来新しい独立組織の登場によりメンバーを失いつつあったこの同盟は、一九九一年十月の第一八回臨時大会で「カザフスタン青年同盟」となった。ピオネール（共産少年団）は活動をやめ、労働組合は独立組織となった。旧共産党の構成員の一部は、ナザルバエフの後押しによって詩人オルジャス・スレイメノフと政治家ムフタル・シャハノフを指導者とし、一九九一年十月五日に結成された「カザフスタン人民会議」党に入った。

一九九一年十二月は、連続性の基盤のうえに政治的急変が生じた月であった。十二月一日にN・ナザルバエフは、普通選挙の大統領選で九八・七八パーセントの票を得て勝利した。「ジェルトクサン」党のハセン・コジャフメトフ党首（ソ連時代の旧異論派）は候補者登録に必要とされた一〇万人の署名を集めることができなかったため、ナザルバエフが唯一の候補者であった。副大統領に選ばれたのはE・M・アサンバエフであった。

一九九一年十二月十日、新しい主権国家はカザフスタン共和国という名称を得た。同月十二日には、一九八六年十二月の事件後に起訴された人びとが大統領令によって名誉を回復した。

町や村、通りや広場を改名し、歴史的な名称を再び与えることを任務とする委員会がただちに設置された。豪華な式典や演説、歴史の清算を伴いながら記念日を盛んに祝う時代が始まった。

一九九一年十二月十六日にナザルバエフ大統領は、独立のための憲法的法律に署名し、ポスト・ソ連時代への移行に立ち向かう準備をした。隣接する中央アジア諸国は、十二月八日にソ連解体を決定した三つの「スラヴ系共和国」から当初排除されたため、感情を害し煮えきらない態度でいたが、カザフスタンはこれらの国に、主権国家となった旧ソヴェト諸共和国を結集する共同体機構に加入するよう促した。

一九九一年十二月二十一日のアルマ・アタでの会合（ゴルバチョフは招待されなかった）において、ベラルーシ、ロシア、ウクライナ、アゼルバイジャン、アルメニア、モルドヴァ、ウズベキスタン、クルグズスタン、トルクメニスタン、タジキスタン、カザフスタンという一一共和国の大統領・首脳が、独立国家共同体（CIS）創設協定に調印した。

CISがソ連の後継機構となったが、真の相続人は、核兵器の管理権と、国連安全保障理事会常任理事国の地位を得たロシアだけであった。西側諸国の肯定的な反応は、予想されたとおり早期のCIS構成国承認の兆しとなった。ポスト・ソ連時代への移行の跳躍に向けて、すべての準備が整った。

第三部　脆弱な巨人——ポスト・ソ連の移行から再構成へ

独立宣言後の最初の数ヵ月は、熱に浮かされたような外交・立法・政治活動によって特徴づけられた。数年間の厳しい経済的な困窮、政治の新しい方向づけ、社会の混乱の後に、達成されたというには程遠い移行の枠組みにおいて、最初の一時的な均衡が達成されたように見える。

第一章　独立以降の政治状況

自由裁量の余地の少なさ、そして新生カザフスタン共和国がヨーロッパとアジアのあいだの中心軸という新しい役割を主張しうることを自覚しながら、ナザルバエフ大統領は、新しい独立国家に対する信頼と存続にとって不可欠な改革の道を、プラグマティックな姿勢で歩みはじめた（なお、首都はアルマトゥと改名された）。

Ⅰ　政治的・法的な変化

独立直後にカザフスタンの権力をとらえた最初の懸念は、一三〇もの異なる民族が居住することを誇りとしてきた旧ソヴェト共和国の民族間の均衡が壊れることであった。九〇年代初めにおいてヨーロッパ人の比率が、カザフ人のそれとほぼ同じであるという民族構造の二極的性格は、同じく問題含みであるロシア人とカザフ人の地理的分布とともに、無視し得ない政治リスクを構成した。

また、北部諸州へのロシアの領土要求（そしてソルジェニーツィンによる揺さぶりの試み）への反応としての、国境の不可侵性に関する法（一九九一年十二月十六日）、そして慎重を期した国籍法を公布する前から、ナザルバエフ大統領は多民族から構成される最初の閣僚チームに取り囲まれていた（首相はロシア人のセルゲイ・テレシシェンコであり、経済顧問は朝鮮系であった）。一九八九年以来カザフ語を国家語とした選択にもかかわらず、ロシア語には公的な地位が残されていた。他方、ペレストロイカ期に出現した「ジェルトクサン」「アザト」「アラシュ」という三つの民族運動の構成員を含む民族主義的な機構として、カザフスタン共和党が一九九二年十一月二十二日に設立された。同党の党首は、歴史学者で「アザト」の元リーダーの一人S・アカタエフであった。同党の優先的な主張は、カザフ国民国家の建設と行政のカザフ化であったが、こうした主張はかなりの程度現政権によって実行されていた。

一九九三年十一月二十八日に採択された独立カザフスタン最初の憲法は、公式な宣言によれば民主的な原則に基づく法治国家を建設することを希求するというこの共和国に、新たな正統性を与えるものであった。ロシアにおける一九九三年十月の議会の危機と十二月の選挙は、旧ソ連の他の国同様、カザフスタン共和国の立法府の状況までも変化させ、一九九三年十二月のカザフスタン議会の自発的な活動停止、さらには一九九四年三月の議会選挙を招いた。これらのことは大統領陣営を強化した。

また、一九九四年十月十一日のS・テレシシェンコ解任後の政府再編は、国の政治生活の転機となった。カザフ人のアケジャン・カジュゲルディン新首相は、経済改革実施における緩慢さを克服することに専念し、ある程度の成功を収めた。

それまで第一副首相だったA・カジュゲルディンは、中ジュズの歴史的な勢力圏にあるセミパラチンスク出身であり、国家にとって必要とされながらもロシア人のセルゲイ・テレシシェンコ首相がほとんど推進することのできなかった経済改革を実現するための野心的な計画を、一九九四年九月にナザルバエフ大統領に提案したところであった。このことは、彼の首相としての任命をもたらしただけでなく、政府を改組し、テレシシェンコ首相によって組まれ危機に陥っていた企業の体系を再編し、保守的すぎる議会を変えさせ、経済の私有化と行政府の「カザフ化」に取り組む新しく若いチームを登用することを意味した。過去を懐かしみ年老いていくロシア人住民にくらべ、変革に柔軟に取り組むカザフ人に賭けたのである。

カザフ人が不安を抱いていた土地私有化法の優先審議を議会が拒否すると、一九九五年三月六日に、憲法裁判所は一九九四年三月の議会選挙結果を無効とし、カザフスタン独立以来最も重大な憲法上の危機を引き起こした。憲法に則って、ナザルバエフ大統領は大統領令により統治し首相を任命する権利を得た(前任のアケジャン・カジュゲルディン首相を再任)。首相は次期議会選挙までのあいだ、暫定政府を形成した。同時に、ウズベキスタンとトルクメニスタンの大統領に倣って、一九九五年四月二十九日の国民投票で、二〇〇〇年まで大統領任期を延長するという措置をとったが、これは西側諸国の厳しい非難を受けることになった。一九九五年八月三十日の国民投票では、新憲法を八九・一四パーセントの賛成票をもって採択させた。

その後、カジュゲルディン首相の手法とその影響力の増大は、大統領の行動にとって邪魔となり、大統領は本格的な手直し（一九九七年春の行政改革、米国と釣りあいをとらせることを意図した一九九七年九月の中国との経済協力協定の締結）を行なって対応した。続いて、一九九七年十月十日にカジュゲルディンが解任された。石油部門の元責任者ヌルラン・バルグンバエフが新首相に指名され、改革の勢いを盛り返すこと、とくに北部のアクモラ（アスタナ）への新首都移転をきっかけとして改革を進めることが彼の任務となった。

翌年は驚くべき政治的・社会的事件の多い年となった。議会内の圧力グループは、一九九八年十月七〜八日の会議で、一九九九年一月十日に大統領選挙を行ない大統領任期を五年から七年に延長するようナザルバエフ大統領に提案した。

一九九八年九月三十日まで続いた「議会両院との対立」に関していえば、ナザルバエフ大統領は経済改革の加速、社会の民主化、女性の参画拡大と司法の独立のため「一九九五年憲法の修正を勝ち取った」。現在は大統領によって任命されている地方行政長官の今後の選挙についていくつかの方面から出された質問に対しては、それ以前にまずは一六州・市（うち一二地域が国家の補助金を得ている）の経済水準の均衡が必要だと大統領は答えた。

大統領選挙には、現職のほかに（カザフ語のテストに合格した）カザフスタン共産党のセリクボルスン・アブディルディン党首、ガニ・カスモフ関税委員会委員長、エンゲリス・ガッバソフ上院議員というカザフ人三人が一九九八年十一月三十日に立候補を公認された。しかしアケジャン・カジュゲルディンとアマンタイ・アスルベク（「アッタン」運動の指導者）は法的な障害により立候補を受け付けられず、カザフスタン最高裁判所へ提訴したものの棄却された。

彼らは立候補の前に意図的な法律違反の廉で行政罰を受けたことを理由として、中央選挙管理委員会から登録を拒否されたのであった（カザフ共和国行政法違反法第一八八条一項）。A・アスルベクは一九九八年に政治的な示威行動を組織して公秩序紊乱の罪に問われ、カザフ共和国行政法違反法第二八二条に従って一〇日間以内に異議申し立てを行なわなかったため、二月二十日に三日間の逮捕を宣告されていた。

ナザルバエフ大統領の七年任期への再選が報じられたのは投票日の翌朝になってのことだった。有権者の八七・〇パーセントという高い投票率のもと、ナザルバエフは七九・七八パーセント、アブディルディンは一一・七パーセント、カスモフは四・六一パーセント、ガッバソフは〇・七六パーセントの票を得た。この政治の比較的劇的な変化は、CIS諸国のなかで最初の例となったことで、この国に対するポスト・ソヴェト空間と国際社会の関心を引き付けた。イスラーム化が遅くその影響が表面的なこの地域では、短期的には宗教的過激主義が深刻な脅威とは思われないが、断裂は多く残り、共同体的な均衡が不可欠であり続けている。独立から九年以上が過ぎても、政治、経済、そして社会の状況はより単純になったわけではない。

II　共和国の安全保障

カザフスタンにとって独立の達成は、社会に影響を与える新しい問題に対する戦略と、問題を予測する特定の方法をただちに打ちだす必要性があることを意味した。分析と予測を行なうセンターや、安全保障の分野におけるカザフスタンの新しい政策基軸を作るに先立って、概念枠組みや実際的措置を最適な期間で提示するための研究所を設立するよう、必要な措置がとられた。

核兵器の否定について述べよう。国家安全保障、とくに核の問題における大きな選択は、独立直後になされなければならなかった。

この過程は三段階に区別される。一九八九年から九一年まで、非公式の「ネヴァダ・セミパラチンスク」運動を通じて核実験反対の闘いに注意を集中させたカザフスタンの世論は、九一年八月のクーデターの直後にナザルバエフが発布した核実験の禁止令を安堵して受け入れた。ただしこのことは、十二月にアルマトゥを訪れたヤセル・アラファトがカザフスタンを初のムスリム核国家として歓迎することを妨げるものではなかった。旧ソ連諸国が受け継いだ核兵器庫をみずからの安全に対する潜在的な脅威と見た米国は、領域に一〇〇〇個以上の核弾頭をもつウクライナ、ベラルーシ、カザフスタンの非核化を一九九一年末以降推進した（ＳＴＡＲＴ Ｉと核不拡散条約ＮＰＴに基づく。ジェームズ・ベーカーが一九九一年十二月にアルマトゥを訪問）。一九九一年末からカザフスタンがNPT条約を批准した九三年十二月にかけて、カザフスタンの政策はロシアの核の傘の下に留まることと、非核国になることとのあいだで揺れ動いた。中国もまた、隣国カザフスタンの核戦力を放棄させるために圧力をかけた。一九九四年初めから九五年四月末にかけて、最後の核弾頭がロシアへ輸送されたことにより、カザフスタンに配置された核兵器庫の解体は達成された。一九九五年五月三十一日に旧セミパラチンスク核実験場において最後の核物質の破壊が行なわれたが、これはナザルバエフ大統領の言葉によれば、「カザフスタンの核の経歴における最後の瞬間であった」。

カザフスタンはその安全保障に関するドクトリンを独立後八年たった後も発表していないが、明確な敵を何ら想定していないことを断言したうえで、国境沿いの「安全保障地帯」概念を構築している。カザフスタンの専門家たちは、同国の安全保障アプローチの発展における二つの明確な時期を区別している。最初の一九九一年から九五年までは、若い国家が国際的な活動領域への参入を行ない（後述）、ソ連の核の遺産を解決した、「受動的な段階」である。二つ目の一九九五年から二〇〇〇年までの段階では、さまざまな地政学的ヴェクトルの結合が、より活動的な役割をカザフスタンに与えた。

最終的にカザフスタンは、グローバルなレベルにおいて最も重要である国連や軍縮会議の機構に参加するとともに、地域レベルの機構にも参加することで、自国の安全を保障することに取り組んでいる。カザフスタンはCISに関しては一九九二年五月十五日にタシケントで結ばれた集団安全保障条約に従い、ヨーロッパあるいは西側に向けてはOSCE（欧州安全保障協力機構）やNATOの「平和のためのパートナーシップ」に参加し、アジアに向けてはCICA（アジア相互信頼醸成措置会議。ロシア語ではSVMDA）を提唱した。

Ⅲ　政権と反対派

カザフスタンの曖昧さと独自な点とは、同国がロシアによって移植されたヨーロッパ・モデルと、伝統的なテュルク・ムスリム的・多民族的・多宗教的な基盤との融合によって成り立ち、定住化のトラウマと強制的な世俗化を経験しており、かつそれらすべてがいまだ見出しうるシャーマニズムの基盤に立っているということである。

一九九一年十二月にソヴェト国家が消滅したことは、カザフスタンにおける権力の空白をもたらしたわけではなかった。カザフスタンはソ連邦の維持のために最も積極的に働いたにもかかわらず、ペレストロイカ期における政治に関する議論の活発さゆえに、移行に取り組む準備ができていたのだった。緊張の傾向が増大してはいるものの、この国がクルグズスタンの次に生き生きとした政治生活と多元的な議論が持続する中央アジア国家であるという事実は、カザフスタンの政治的な遺産の複雑な性格と、より柔軟な社会をもたらしたその遊牧的出自によっておそらく説明できる。都市住民層に関しても当てはまる、持続的な農民的メンタリティによって強く特徴づけられた、（かつてのジュズを再分割した）地域的な出身に基づくクライエンテリズム（恩顧主義）のネットワークが、社会的機能の基盤を構成した。

議会制民主主義から着想を得た大統領制は抑制された権力のモデルであったが、権威主義的な形態のもとでは、議会、憲法裁判所、上院は権力拮抗の機関というよりは、形式的な機構に似る。実際の安定要因はおそらく、建設中の国家の揺るぎない調停者の役を自身に課すナザルバエフ大統領のパーソナリティにある。

以下は、大統領の経歴である。

一九四〇年、アルマトゥ州カスケレン地区チェモルガン村生まれ。冶金技術者としての教育を受け、経済学博士号を得る。一九六〇年、カラガンダ州テミルタウの「カズメタルルグストロイ」トラストに勤めはじめ、カラガンダ金属コンビナートでさまざまな職位に就く。一九六九年、テミルタウ市委員会の運輸・工業部門の長として共産党機関内でのキャリアを歩みはじめる。一九六九年から七一年、コムソモールのテミルタウ市委員会書記。一九七一年、党の市委員会第二書記に選ばれる。一九七三年から七七年、カラガンダ金属コンビナートの党委員会書記。一九七七年から七九年、カラガンダ州委員会の第二書記に昇進。一九七九年から八四年、カザフスタン共産党中央委員会書記。一九八四年から、カザフ・ソヴェト社会主義共和国の閣僚会議を率いる。一九八九年六月には第一書記となり大きな人気を得て、M・ゴルバチョフの主要な支持者の一人となる。一九九〇年四月、最高会議によって共和国大統領に選ばれる。国民による最初の直接選挙によって一九九一年十二月一日に同職を追認される。大ジュズ出身である。

反対派の性格について述べよう。いかにピラミッド型構造であるにしても、カザフスタンの政治体制は反対派の人びとを内包している。彼らの多くは政権や公的機関の出身で（大統領のかつての仲間であった下院議員・上院議員や知識人）、与えられた間隙において行動している。

中央アジア南部の場合とは異なり、カザフスタン独立当初においてまだ活動的であった反対派は、権力機関の脱中央集権化を通して危機から脱するための解決策を提案した。経済改革の再検討、真の政治的・法的改革の実施、確実性が揺さぶられた社会の倫理的・精神的な統合などである。しかし、反対派は指導者と組織化能力を欠いていた。

コサック運動はアルマトゥ、セミレチエや北部地域で、その準軍事的機構（スタニーツァ〔コサック村〕、アタマン〔頭目〕の選出、総会）をまず再生した。彼らは、スラヴ系住民ないしとくにロシア人の利益を守る組織（「ラド」など）とともに、二重国籍を導入しロシア語を第二国家語の地位に上げることを要求した。彼らは皆、スラヴ系少数派を犠牲にする「カザフ政府の民族主義的偏向」と呼ぶところのものに対して抗議した。

アケジャン・カジュゲルディン元首相は、一九九七年十月に公式な政治の舞台から離脱したものの権力闘争を諦めず、カリスマ的指導者の不在に悩んでいた反対派を国民的にまとめようとした。彼は一九九八年十二月にモスクワで「カザフスタン民主勢力会議」と称する準備会議を開いて中道野党の結成を宣言し、反対派のジャーナリストや知識人がこれに加入した。こうして、綱領を持ち、住民のあらゆる層に支持者を持つ潜在的な野党の軸として、この新しく再編されたグループは無視しえないものとなった。

政権の反応について記しておこう。政権はプラグマティズム、柔軟性、政治的な非妥協性をもって対応した。現われたすべての新しい反対派は真剣に考慮され、その要求は注意深く検討された。

ナザルバエフ大統領は、民族主義的・宗教的な過激政党を無力化すること、そして次には一九九四年に自己改革を決定した共産党（ただし一九九五年の選挙では議会に二議席しか獲得しなかった）を周縁化することに専念した。大統領は、反核運動「ネヴァダ・セミパラチンスク」の創設者で詩人のオルジャス・スレイメノフが議長である人民会議党に当初は接近したが、やがて遠ざかった。スレイメノフは一時、反対派への転向と大統領選挙への立候補意志を表明した。こうした経緯から、あらゆる過激主義を拒否する中道政党の「カザフスタン人民統一同盟」が大統領の庇護のもとで一九九三年に結成された。それは、同時期にフランス語訳が出版されたナザルバエフの自伝の表題が示すように、「右でも左でもない」ものであった。

一九九九年一月十日の繰り上げ大統領選挙に際して、共産党の候補者アブディルディンが一一・七パーセントの票を得たこと（前述）は、社会の一定部分（とくにロシア人年金生活者）に関しては、ナザルバエフ大統領が「旧ソヴェト市民の幻想シンドローム」と呼ぶ旧体制へのノスタルジアを無視できないことを明らかにした。

カザフ当局の立場とはつまり、あらゆる過激主義（とくに、宗教的志向の明確な綱領をもった民族主義政党アラシュ党のように、イスラームをよりどころとするもの）を抑制し、またいくつかの「金ぴかの」モスクを与えたうえで新しい公的イスラームを注意深く管理することであった。同じように、ステップのテュルク系諸部族を改宗させたイスラーム神秘主義教団の設立者アフマド・ヤサヴィーの祝賀を通して、スーフィズムを重視する選択をしたことは、イスラーム復興を、政治的に危険ではないと思われる民間の慣習のなかに根づかせようという意思を明らかにしている。当局は、イスラームが本格的に浸透しているのは共和国の南部だけであることや、北部地域のカザフ化はモスクの開設という単純な事実によって明示されるということを知っている。たとえばオスケメン（ウスチ・カメノゴルスク）市では、三〇年代以来初めてのモスクが一九九七年八月十五日に落成した。

しかし同時に、ペレストロイカ末期からすべての少数民族（および多数民族）が表明していた政治的・文化的本源回帰の意向に応えるため、ある種の自由の領域が認められた。つまり政権側は、言語教育や民俗的伝統の保存に関する文化的な権利の要求を、「民族文化センター」のネットワークに誘導することによって公認したのであった。

こうして、共和国に多くあった選択肢は大統領の言説、とくに一九九七年に二〇三〇年の未来に向けて発表した政策のリズムに合わせて狭められた。そこでは、国家の望ましい姿の要点として、「ユーラシア地域の十字路」「二〇億人市場を結ぶ橋」「地球化の焦点の一つ」「中央アジア第一の雪豹」が挙げられている。

しかし、今後数十年に向けたカザフスタン政治の全般的な方針に関する声明の背後には、多くの問題に直面する政権の苛立ちがもたらしうる危険があった。一九九六年以降、改革の加速と、カザフ人に有利な国家の民族的均質化を大統領が決定したのはこのためであった。

改革の状況について記しておこう。私有化の遅滞と並んで、急速なカザフ化、一九九一年以降一〇万人近くのカザフ人が国外から帰還したにもかかわらず、ロシア人「頭脳」流出によって生じた極度の人材不足――これらがソ連崩壊後の移行期の最初の数年間に、カザフスタンを苦しめたおもな問題であった。

一九九三年九月に新ルーブリ圏協定に調印したにもかかわらず、カザフスタンは十一月三日にそこからの脱退を宣言し、独自通貨を創設することを余儀なくされた(ロシア側の要求が受け入れ不可能なものと判断されたため)。こうしてテンゲが一九九三年十一月十五日に導入された。ほぼ毎日、価値が下落する困難な時期を経て、ドルに対して安定するようになった(一九九六年六月三十日に一ドル＝六六・九テンゲだったものが、一九九八年四月一日に一ドル＝七六テンゲ、一九九九年三月には一ドル＝八七テンゲとなり、さらに同年六月には一ドル＝一二五テンゲになった)。

来るべき変化が予想されているこの時代に、言語・民族・社会・職業のカザフ化が、スラヴ系住民が多数を占める地域の主張を弱め、ステップの果てまでカザフ人の正統性を広めるための政治的武器となったことは不思議ではなかった。

領土の各下部単位が地域的に分極化する傾向は、カザフスタンにおける人の居住地域の不連続的な特徴(町、主要な産業や人口の多い地域は周縁に環状に分布する)によってきわめて明確に説明づけることができる。カザフスタン政府が、一九九七年十二月に首都をアルマトゥの北一二〇〇キロメートルのアクモラに移したのは（議会の一九九四年七月の決議に基づく）、北部地帯における主権を確立することの難しさを恐れていたためであった。ナザルバエフ大統領が国の行政区画を再編したのは、あるネットワークの損害と引き換えにした別のネットワークの優位を恐れたため、またスラヴ系が多数を占める地域をカザフ人の比率が高い地域に統合するためでもあった。ソ連時代に形成された一九州（オーブラスチ）を一四州（＋アルマトゥ市）に減らすというカザフスタンの新しい行政区分は、ロシア人の影響力を徐々に抑制し、ナザルバエフ大統領の利益となる持ち札を最大限に保つという観点から経済的合理化を進めるという政治的意志を示した。カザフスタンの地域区分の改訂は一九九七年春に行なわれた。大統領によって任命される地方行政府の長官（アキム）は、一九九六年以降全員が交替させられ、カザフ人優先で新しい人材による指導に基づいて、経済改革が進められた。

全体の意見の一致を得るには程遠い首都移転の事後処理や、権力によって高度に利用されてきた野党の統一の試みは、予算に関する毎年問題の多い微妙な票決、沿岸国やより遠い国々の多くの政治・経済的アクターが話題としているカスピ海の法的地位や新しいパイプライン・ルートの件と並んで、現政府が取り組まなければならない大きな問題である。

近隣諸国やより遠い国々との新しい対話の開始と維持、実り豊かな経済関係の発展が、カザフスタンにおけるポスト・ソヴェト期の移行の主要な焦点となっている。

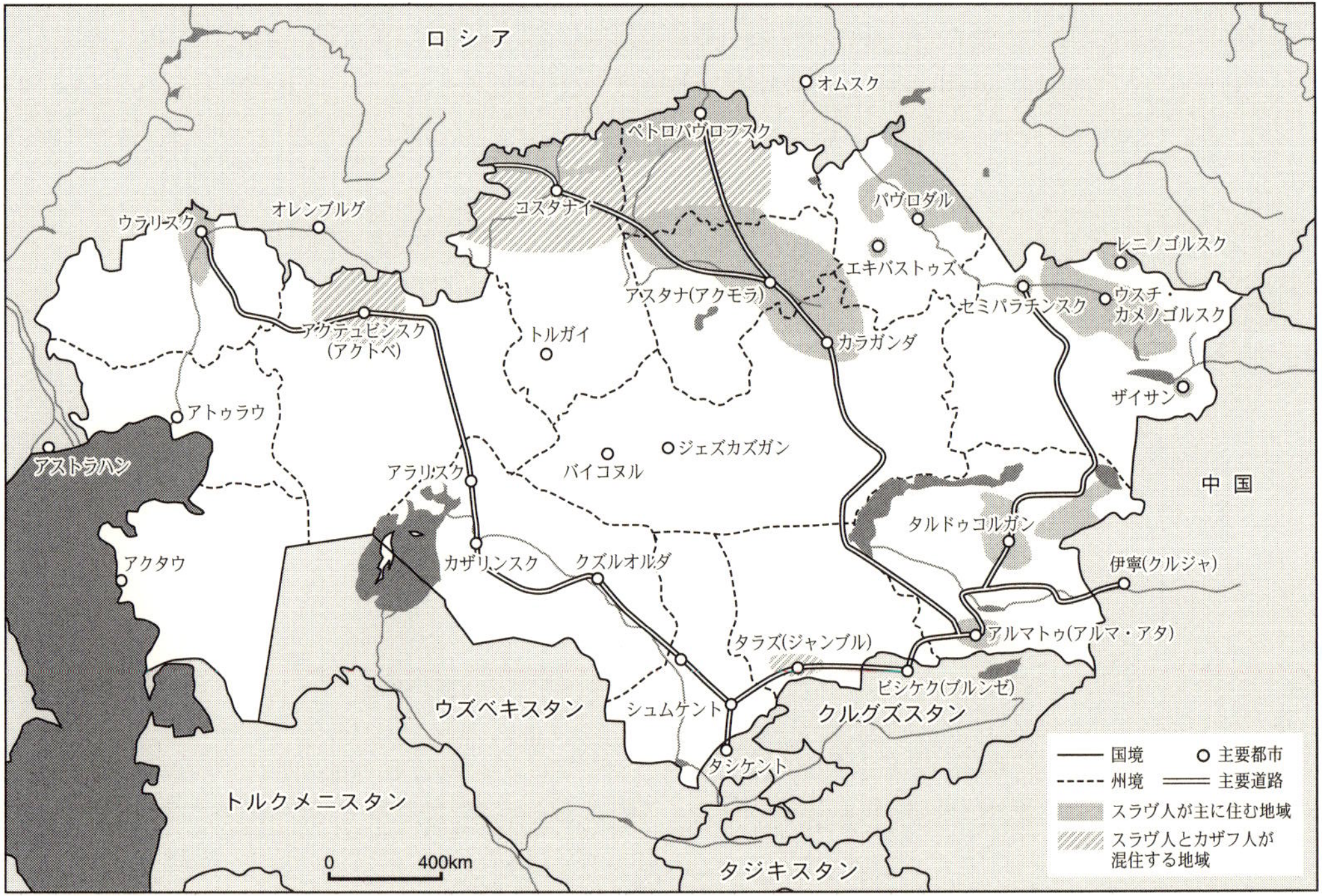

カザフスタン：州区分とスラヴ人居住地域

第二章　新しいパートナーたちに向けた開放
――国際的均衡のなかでのカザフスタン

一九九二年から作りだされた地政学的・経済的な新しい情勢は、ロシアを例外として中央アジアとの関係が絶たれていた近隣諸国を、この空間に復帰させた。それは、越境的紐帯の歴史的ヴェクトルを再活性化し、はるか遠く離れた国々に対しても同様に作用する経済的・政治的・戦略的な吸引力を中央アジアが確立することを可能とした。

I　地域機構・国際機構への参加

一次資源の貯え、エネルギー面での大きな潜在力、およびソ連から継承された核兵器の配置によって、カザフスタンは一九九一年から多くの国際的な政治的・経済的アクターの関心を引いた。一九九二年三月二日に、カザフスタンは国連に加盟した。ロシア連邦は、その軍の兵器庫のかなりの部分とバイコヌルの発射場が存在するこの緩衝地帯に対し、はじめのうちは政治・経済的圧力を弱めていた。

一九九一年冬にソ連時代の無名性から抜けだしたカザフスタンは、一〇〇以上の国々に国家承認され、約四〇の外国に在外公館を開設した。一九九二年二月からは米国、インド、韓国、南アフリカがアルマトゥに大使館を開設し、フランスは六月四日に最初の大使を任命した。カザフスタンは一九九二年一月二十三日にOSCE（欧州安全保障協力機構）に加盟し、同年四月にはIMF（国際通貨基金）、EBRD（欧州復興開発銀行）、ADB（アジア開発銀行）に加盟した。

カザフスタンは、中央アジアにおいて重要な地域的役割を担うことを望んでいたほか、一九九一年から九二年にかけて条約、貸付、開発復興援助、投資契約の形をとって、新しいパートナー関係を四方八方に発展させた。その戦略は、二国間協定によって、また既存のないしソ連解体以降に新設された地域機構・国際機構に可能な限り多く参加することを通じて、交渉相手を最大限に多様化することであった。

初めのうちトルコとの対話（テュルク語系諸民族の連帯、政教分離、テュルク系諸国サミットへの参加）を頼りにしていたカザフスタンは、経済協力機構（ECO）に関心を持った。まずは一九九二年十一月二十八日にオブザーヴァーとして、ついで九三年一月二十八日には、創設国であるイラン、トルコ、パキスタンの三カ国および他の中央アジア諸国とともに、正式なメンバーとしてECOに参加したのである。一九九三年から、カザフスタンは中国とのプラグマティックな関係を発展させながら、新しいパートナー（インド、韓国、インドネシア、日本、ドイツ、イスラエル）探しの政策を続けた。また、米国との特恵的関係を維持し、ロシア連邦との特別な対話を続けた（後述）。

統合をキーワードとして使うカザフスタンは、CIS加盟諸国でユーラシア同盟を結成するというアイデアを追求し、一九九四年十月二十一日のモスクワ・サミットで同盟創設の提案を行なった。カザフスタンはしかしながら、地方的ないし亜地域的レヴェルを無視していたわけではない。一九九四年にクルグズスタンやウズベキスタンとともにいわゆる中央アジア同盟に参加し、九七年からはロシアをオブザーバーとして、また九八年三月からタジキスタンを構成国として受け入れた。

アフガニスタンやタジキスタンでの状況は、経済的な（それゆえ政治的な）確立に向かっていた「ターリバーン＝トルクメニスタン」枢軸を不安視するカザフスタンの政権に、懸念を抱かせつづけた。隣国のウズベキスタンやクルグズスタンと同様、CISの他の国の大半やイランに倣って、カザフスタンはターリバーンに対抗するうえで「北部同盟」を支持した。この文脈においてカザフスタンは、地域的リーダーシップをめぐる競争相手であるウズベキスタンに戦略的位置を譲った。ウズベキスタンは確かにより不実ではあるものの、「地域における米国の利害により強く依存」していたのである。

他方、新しいパートナーたちは、カザフスタンとの独自の対話の組み立てに着手した。この若い国家に対する彼らの認識は、それぞれの政治的・経済的・文化的要請によって異なっていた。ペレストロイカ末期からこの地帯においてとても活動的であるトルコにとっては、カザフスタンはテュルク世界の自然な延長であり、またみずからの神話上の揺籃の地であったに違いなく、テュルク語圏の活動的な拠点の復活の可能性を与えうる存在でもあった。一九九三年までのユーフォリア（多幸症）の段階とその次の幻滅の段階ののち、トルコとの関係は安定的で堅固なものとなっている。

アラブ諸国にとって、（ウズベキスタンよりもイスラームの定着度が少ないとしても）カザフスタンは宗教的な勧誘の標的であり、潜在的な経済パートナーであった。イランにとっては、カザフスタンは比較的アクセスしやすい市場、次世紀のエネルギー資源の地理における要衝地帯であり、また住民がスンナ派に属するにもかかわらず、潜在的なイスラーム主義的活動の土壌でもありえた。パキスタンにとっては、カザフスタンはインドに対する釣りあいを取るための重りであり、インド洋までのアフガン・ルートによってロシアの後見から次第に抜けだしうる将来有望な市場であり、そして隣のウズベキスタンとともに「イスラーム・ブロック」を形成するためのミッシング・リンクであった。

数十年にわたり「不本意に保守的」な作用を持ったソ連の隔壁から解放されて、カザフスタンは外部ムスリム世界に開かれた。これはある程度の文化変容、とくにアラブ的、パキスタン的、テュルク的イスラーム・モデルによる変容をおそらく導くであろうが、これらのヴェクトルは、ムスリムの懐への困難な復帰を進めるうえで互いに一致していない。ウズベキスタンやタジキスタンのいくつかの地域において起きたこととは異なり、ムスリム圏回帰の影響は（南部を除いて）カザフスタンにおいてはかなり小さい。

イスラエルにとっては、隣国で起きたイスラーム主義による不安定化の脅威に対して政治的に防御する立場にあるカザフスタン共和国は、イランの北に位置するこの空間のなかに政治的・経済的な影響を及ぼそうというみずからの戦略において、優先的な「ムスリム」パートナーの一つである。

すべての国に対してカザフスタンは、充分な政治的安定と明快な経済戦略のもとで平和と地域的安全保障を維持する限り、なおざりにできない切り札を備えている。その経済戦略は、天与のエネルギー資源の「分割」と協力の影響のもとにあり、カスピ海の勢力圏（および油田）の問題の解決は、決定的に重要な段階の一つである。

いずれにしても、カザフスタンは、孤立から脱却するためにあらゆる手段を使って外界との回路を作り直すことを探求しながらも、長い国境を共有し、いまだに供給の回路と通信網の大半が向かう先であるロシアと適切な対話を続ける必要性に、何よりも直面させられている。

II　孤立脱却に賭けられたもの——内的な要因

一九九一年夏から市場経済への漸進的移行に取り組んできたナザルバエフは、自身の切り札を自覚していた。莫大なエネルギー資源と鉱物資源、独立直後に重要性を持った核および戦略的な潜在力である。彼の改革計画は、小売業・住宅・工業の私有化、物価の引き上げ、独自通貨の創設を重視していた。共和国内の商業の流れの新しい方向づけが予定されていた。しかしながら、旧ソ連の他の諸共和国と同様に、統合された経済システムの遺産は何といっても克服が困難であった。

設備の不足と質の悪さ、産業インフラストラクチャーの弱さ、消費財の欠乏、供給回路がすべてロシアと結ばれ囲い込まれていたこと、そして空前の環境被害をも考慮に入れる必要がある。しばしば現地

生産とインフレの年変化（パーセント）

年	1990	1991	1992	1993	1994	1995	1996	1997	1998
ＧＤＰ	-0.4	-13.0	-13.0	-12.0	-25.5	-8.9	0.4	2	2.5
インフレ		150	2,567	2,169	1,160	60.4	25.6	11.2	9.5

マフィアと結びついた旧エリートの影響力、経済構造の崩壊による失業率の上昇もまた同様に、行き詰まりの補完要因となった。

独立後の最初の数年には、経済の後退が目立ち（国民総生産〔ＧＮＰ〕は一人当たり一六八〇ドル）、ルーブリ圏からの離脱によりインフレが激化し、工業、エネルギー（ガスと石油）、農業と第三次産業の全部門において生産が下落した。それは生活水準と出生率の下落、消費物価の急騰、都市化された少数の「ニューリッチ」階層と急激に貧困化しつつあるその他の住民とのあいだの深い分裂をもたらした。だが、一九九六年はマクロ経済指標の好転の年となった。

いくつかの良い指標（年間インフレ率の予想より早い低下。未払いになっていた三六〇億テンゲの年金を支給したにもかかわらず、財政赤字を一九九七年に七パーセント、一九九八年に五パーセントに抑制。対外債務は一九九七年に国内総生産〔ＧＤＰ〕の二一・五パーセントを維持）は見られたものの、一九九八年夏からの経済状況は好ましくなかった。石油価格の下落、穀物の不作、アジア経済危機と並行した一九九八年八月のロシア金融危機は、一九九九年に予想されたＧＤＰを顕著に下げると思われた。しかしながら、危機対策の措置と、一九九八年四月に一四億ドルに上った外貨準備高の目覚しい再建に支えられて、隣国の金融危機の影響は比較的良く管理され、ルーブリとは異なり現地通貨の下落は避けられた。

状況が憂慮すべきものとなったのは、経済と食料の安全保障の領域でのことだった。一九九八年の穀物の収穫量は二十世紀最悪で、前年が三五〇〇万トンであったのに対して一〇〇〇～一二〇〇万トンであった。農村部の生活は非常に困難であった（多くの村でのガス・水道・電気の停止、食料とするための家畜の屠殺、暖房のための貴重な森林の荒廃）。

それでも、一九九七年十二月末に外国投資の総額は六七億ドルで、一九九六年とくらべ二五パーセント増であった。

一九九七年に、米国はＣＩＳ外の第一の投資国であり、全体の二八・四パーセントを占めた。韓国が二一・四パーセントで続き、英国が一四・五パーセント、トルコが五・三パーセント、中国が四・八パーセント、カナダが三パーセント、アイスランドが二・二パーセント、ヴァージン諸島が二・一パーセント、ベルギーが二パーセント、インドネシアが一・八パーセント、フランスが一・六パーセント、ドイツが一・六パーセントであった（一九九八年五月、在アルマトゥ・フランス大使館経済商務部による）。フランスは銅、ニッケル、鉛、亜鉛、クロム、石油などの原料を少量輸入し、工業製品、農産加工品、消費財を輸出している。貿易量は一九九六年の四億六三〇〇万フランから、一九九七年には二・七倍の一二億五五〇〇万フランとなった。フランスのおもな投資企業はエルフ、トタル、ソシエテ・ジェネラル、コジェマ（核燃料公社）である。

主要な国際機関（ＩＭＦ、ＥＢＲＤ、世界銀行、ＥＵ）がカザフスタン向けの融資やプログラムを展開している。

ＩＭＦは一億六〇〇〇万ドルのスタンドバイ取極の枠組みで事業を行ない、一九九六年六月にそれが完了すると、三年間の予定で総額四億四六〇〇万ドルのプログラム（拡大信用供与）を継続させ、全額を支出した。ＥＢＲＤは対象をより限定した行動をとり（一九九七年には四〇四億ドルを支出）、とくにアクタウ港の再建（五〇〇億ドル）と冶金部門に対して融資した（カラガンダ金属コンビナートに二億八五〇〇万ドル）。世銀は一九九七年五月に九億五八六〇万ドルの貸付を計画し、ＥＵは九三の事業に融資するため、一九九一年から九七年までに八九三〇万エキュ〔エキュは現在のユーロに相当〕の技術支援を行なった。その内訳は、三五・一パーセントが構造改革と私有化、二〇・三六パーセントが農業、一九・八パーセントが行政、八・〇三パーセントが政府コンサルタント、五・五パーセントがエネルギーを対象としていた（前掲のフランス大使館情報）。

かつてないほど、カザフスタンの外部世界への開放は、その主権の確立の要因の一つとなった。この視角からみれば、独立以降にロシア連邦、米国、中国とのあいだで維持した関係は、カザフスタンの地経学的均衡の支柱を構成したといえるだろう。

Ⅲ　ロシア連邦との避けがたい関係

パートナーの多様化にもかかわらず、カザフスタンはロシアとの関係をなおざりにするわけにはいかず、多数の二カ国間協力協定を結んだ。八年のあいだに、ロシアとカザフスタンとの関係は、いくつかの矛盾した局面を経験した。モスクワにとって、一九九一年まで影響力を争う者のなかったこの地域における政策を根本的に見直すのは、難しいことであった。

グローバルなヴィジョンおよび現実的な手段の欠如に特徴づけられたロシアとカザフスタンの関係は、ロシアの政界にとって、統一的な対話の基礎を創り、増加していくアクター間の競争に開かれた新しい地政学的な領域において行動することが、いかに困難であるかを示している。また、新しい中央アジア五カ国のあいだにあってカザフスタンは、ロシアの指導者数人が「ロシアの柔らかい下腹部」と評したように、ロシアの戦略にとって特別な位置を占めている。これは、その土地の豊かさと、とりわけ中国との緩衝地帯として、そして南から来る不安定化の脅威に立ち向かう地域としての役割によるものである。解決すべき問題は山積しているが、一九九八年から新たな前進がみられるようになった。カスピ海エネルギー資源の分割が合意され（一九九八年七月）、二〇〇一年末に完成予定のテンギズ―ノヴォロッシースク間のＣＰＣ（カスピ海パイプライン・コンソーシアム）石油パイプライン[1]と、バイコヌル基地の賃貸料支払についても合意がなされた。

(1) 二〇〇一年十月に実際に稼働開始した〔訳注〕。

これはロシアに対するカザフスタンの政策の両義性をも説明する。この政策は、「ロシアというパートナーに熟考させるため」に、米国と中国を利用しながら行使しようとする政治的経済的圧力と、恒久的友好宣言やほとんど進展しないユーラシア統合構想とのあいだで揺れている。この政策はまた、巨大な面積と権力拠点の遠心性という弱点を持つカザフスタンの、政治・経済・人口構成における統一性の強化を通して実行されようとしている。人口の多数をカザフ系が占めるという状態(一九九七年一月推計でロシア人三二パーセント、カザフ人五一パーセント)は、政権が熱心に望んできたことだが、おそらくはスラヴ系少数派の避けがたい高齢化に助けられているのだろう。ただし、一九八九年以降国勢調査は行なわれていない[(1)]。

(1) 一九九九年国勢調査によれば、カザフ人は総人口の五三パーセント、ロシア人は三〇パーセントであった〔訳注〕。

カザフスタンが非核化を受け入れた後、その地域的安全保障は、カザフスタンの独立政権を避けられないものと認めたロシアとの協調関係を通して図られることになった。二国間の恒久的友好と協力に関する宣言ののち、一九九八年十月十二日に行なわれたボリス・エリツィンの短時間の訪問は、影響力ある隣国ロシアとの政治的・戦略的関係が改善されたことを明らかにした。しかしながら、カザフスタンはその長い国境を武装化することを考えた。

一九九五年一月に調印された一連の二国間合意は、とくに両国の市民の自由な往来を目的としていた。

両国はすでに、カザフスタンがロシアを出口とすることは不可避であり、イランやカスピ海経由のルート、あるいは中国への鉄道によって孤立状態を脱却する試みはほとんどその代わりにはならないという点で、意見を完全に同じくしていた。しかし、カザフスタンに対するロシアの投資の割合は少ないままであり、実際に進出しているロシアの銀行はほとんどない。石油コンソーシアム（共同事業体）におけるる取り分の追求のようなエネルギー部門における計画は、かつてないほど時の話題になっている。つまり、カスピ海の開発と、将来の石油・ガスパイプラインの経路をめぐっての沿岸諸国や国際的アクター間の競争は、大きな重要性を帯びているのである。

ロシアはすでに、一九九六年以降この地域における経済的・戦略的プレゼンスを明確にする米国、および主要な投資国の一つとなろうとする中国の関与の増大によって苦しんでいた。

カスピ海の石油・ガス資源は潜在的に重要であり（確認埋蔵量は世界の二パーセントで北海と同等）、その地位は、ソ連崩壊以来二十世紀最後の大きな問題として、沿岸諸国や関心を持つ諸外国、とくに米国、英国やフランスにとって、経済的・戦略的に重大な焦点となっている。ロシアにとっての中心的な問題は、カスピ海地域の石油・天然ガスの輸出を単独で管理できなくなった代わりに、新しいルートから除外されないようにすることにある。他方イランにとっては、自国を経由しての最も採算性のあるルートを提示することによって、米国が続けている「二重封じ込め」政策（ダマート法）により「カスピ海のグレートゲーム」から疎外されている状態から脱却することが重要である。カザフスタンは、トルコ経由で石油を搬出することについては米国の立場に同調しながらも、パートナーを多様化させながら世界市場にアクセスすることを可能とする代替経路を探している。一九九四年に穀物をカスピ海経由で送ることについての合意に調印した後、カザフスタンは一九九五年と九六年に、（生産された二六〇〇万のうち）二〇〇万トンの原油をアクタウ港からイランに届け、イランは同じ量を同国南部の港から輸出した。米国の石油会社シェヴロンの助けによって実現したこの取引は、二年のあいだ更新を行なうことができたが、米国の禁輸措置に触れて頓挫した。それまでの短いあいだ、二カ国にとって大変好都合でカザフスタン石油に世界市場へのアクセスを提供したこの取引に、米国は目をつぶっていたのである。

こうした観点からみると、一九九七年から九八年は、二つないしいくつかの沿岸国や関係する外国勢力を巻き込むどんでん返しの連続であった。ロシアは一九九一年以来、カスピ海共同利用の案が通ることを望んでいたが、一九九八年三月に、パストゥホフ・ロシア外務第一次官はバクーで、海底を沿岸五カ国が分割することを認めると発言した。そして一九九八年七月六日に、ロシアとカザフスタンはカスピ海海底の分割に関する合意に調印し、テヘランとアシュガバートの不満を買った。イランを対話相手とする際には、ロシアは一九九八年七月にカザフスタンとのあいだで調印された合意の意味を最小限に評価する立場を取った。しかしながら、何人かの専門家が指摘したように、カスピ海の法的地位の議論がどのように展開しようと、ロシアとイランは必然的なパートナーであり続けている。結局、バクー・ジェイハンルートが、バクー・スプサルート（一九九九年一月九日開通）にくらべあまりに高いコストゆえ、一九九八年冬以降（一時的に）排除されたように見えることから、[1] ロシアは石油・天然ガスの輸出の問題に関して強い立場を再び見出したようである。

（1）バクー・ジェイハンルートのパイプラインは二〇〇二年九月に着工し、〇五年五月に完成した〔訳注〕。

その他のところでは、ロシアとの貿易の量はカザフスタンにとって依然として非常に重要である。とくに、経済的観点からいうと、ロシア連邦は一九九七年にカザフスタンの総輸出の三一パーセント、総輸入の四二・五パーセントを占め（一九九五年にはその比率はそれぞれ四二・三パーセント、四九パーセントであった）[1]、一九九八〜九九年のあいだも主要な通商パートナーであり続けた。同じ時期に穀物の年間輸出能力が二〇〇万トンと推計されたカザフスタンは、ロシアへの穀物輸出を再開し、ロシアはカザフスタン政府の保護措置にもかかわらず一九九七年夏からカザフスタンへの輸出を増大させた。

（1）J・ラドヴァニー『ソ連からCISへ―アイデンティティを探し求める一二カ国』、パリ、エリプス社、一九九七年、一五一頁、参照。

しかしながら、一九九八年八月のロシア金融危機の結果と、二つの隣国間の経済交流の混乱は、ロシア・カザフスタン協力の環境にいくつかの困難をもたらした。一九九九年一月初めに設けられる予定の関税障壁と、ロシアからの輸入とカザフスタンの輸出の縮小は、これまで交易の力強さによって沈静化されていた係争を確実に再燃させるであろう。必然的なパートナー同士の経済的利害（たとえばカスピ海の地位に関して）は激しく対立しているが、それを超えて共通の政治的・戦略的利害が相当あることは確実である。

Ⅳ　米国の特権的パートナーとしてのカザフスタン

ソ連消滅の直後から、カザフスタンはその戦略的重要性および経済的潜在力によって、ただちに米国の注意を引きつけた。ポスト・ソ連の再構成における新しい決定的なアクターと考えられたカザフスタンは米国の好感を得、さらにワシントンは非核化問題に関するカザフスタンの熱意に満足の意を示した。ナザルバエフ大統領は一九九二年五月に初めて米国を公式訪問し、九三年九月にはゴア米副大統領がカザフスタンを訪れ、その一年後にはウォレン・クリストファー米国務長官の訪問が続いた。

一九九三年二月に「最恵国待遇」を受け、九四年に民主主義パートナー憲章に調印したカザフスタンは、間もなくこの地域における米国の活動の中心点となった。ここには三〇〇〇人のアメリカ人が滞在し、とても活動的な大使館があり、非常に多様な経済的・社会文化的アクターが存在する。しかしながら一九九五年春のカザフスタン議会の解散と大統領任期の延長は、二カ国間関係に危機をもたらした。この緊張は短期間で終わり、一九九七年十一月のナザルバエフ大統領のワシントン訪問の際に目覚しい改善がみられた。このときナザルバエフは、カザフスタン産石油をトルコ経由で輸出するという米国のヴィジョンを支持することを表明したのである（ロシアやイランのヴィジョンには反する決定）。その数カ月前の一九九七年四月には、カスピ海資源をめぐる競争が誘発した戦略的・経済的必要性のために、米国は中央アジアを優先的利害のあるゾーンに位置づける新しいドクトリンを採用した（一九九七年にカザフスタンに五二〇億ドル、クルグズスタンに三六五億ドル、ウズベキスタンに三二五億ドル、タジキスタンに一五四億ドル、トルクメニスタンに六〇億ドルを供与）。

その結果が現われるには時間がかからなかった。ナザルバエフの訪問の際に米国とカザフスタンのあいだで経済パートナーシップ協定が結ばれ、カザフスタンは「特権的パートナー」と呼ばれた。この国の法的、経済的、社会的環境は米国の専門家によって好意的に評価された。一九九七年二月二十八日に投資に関する新法が採択され、投資のための国家委員会が設けられた。また、インフレ率は一九九五年に六〇・四パーセントだったのに対して九六年には二五・六パーセントに低下し、財政赤字もより抑制されるようになった（一九九四年にGDP比七パーセント、九五年には三パーセント）[1]。米国の好意的な評価は、一九九二年から九六年まで、同国からカザフスタンへの投資が地域全体の六六パーセントを占めていたことを見ればわかるであろう。

（1）「中央アジアの大いなる帰還」、上院報告書四一二号、一九九七〜九八年、九一頁。

米国の主要な投資家はモービル（一一億ドル）、シェヴロン、フィリップ・モリス（二億四〇〇〇万ドル）、ハリケーン（一億二〇〇〇万ドル）、コカ・コーラ（二五〇〇万ドル）である（在アルマトゥ・フランス大使館経済商務部、一九九八年五月）。一九九七年十一月には、すでに結ばれていたテンギズとコロリョフ地区の石油資源の採掘に関するシェヴロンとカザフスタンの石油契約（四〇年の期間にわたりおよそ二〇〇億ドルの投資予定）に加えて、ナザルバエフ大統領は他の米国の巨大企業、テキサコとモービルとの合意にも調印した。テキサコとの合意は推定埋蔵量二〇億バレルのカラチャガナク鉱床についてのもので、他方モービルの率いるコンソーシアムは、カザフスタンにおいて最も有望とされるカスピ海のカシャガン鉱床を割り当てられた。

このようにエネルギー資源開発に非常に強く力点を置いた経済的プレゼンス以外に、米国の財政的・技術的支援は、軍の再編（下士官学校が開設準備中）や、軍需産業の転換（「協同脅威削減」計画）といった戦略的分野にも、また英語教育の促進や学術交流事業の奨励といった文化的領域にも向けられた。

米国の支援（ＵＳＡＩＤ）は至るところで最も効果的で、最も気前がよく、協力の展望を最もよく提供するものとしてとらえられている（公衆衛生、経済再建、住宅・食糧セクター、環境、市民社会）。しかしながら、資金の量の点でいえば米国の支援は欧州の支援より重要というわけではなく、単に宣伝がより上手なだけである。

こうして、米国のカザフスタンにおける影響力は経済的・戦略的なものにとどまらず、政治や文化の面にも及んでいる。その結果はあまり芳しいものではなく、カザフスタンと他の域内国・域外国、とくにイランとの対話においてある種の不均衡を引き起こすほどである。こうして、二国間関係に直接関わるデータを考慮に入れることによって、米国の行動を決定づけるファクターや波及効果の複雑さを推し量ることができるのである。

V　中国の思慮深い隣国、カザフスタン

カザフスタンは初期において、パートナーとして中央アジアの新国家のうち最も有望だと中国からみられていた。それは早くも一九九一年七月に（彼自身が言ったように）「鉄のカーテンを初めて開けた」ナザルバエフ大統領の訪問の影響であろうか。それとも強力な核兵器庫を保持していたという重要な事実だけでなく、希少な一次資源を最も多く提供すると思われたからであろうか。

中国とカザフスタンは、どちらもそれぞれの側にある過激主義の誘因を弱めることに熱心であり、両国の関係は当初から好条件のもとにあった。中華人民共和国とカザフスタンのパートナーシップ構築における追加的なステップとしては、両国の友好関係に関する一九九三年採択の共同宣言のほかに、中国の李鵬首相が一九九四年四月二十六日に署名し、数十年来の係争事項の解決に向けて本格的な展望を開いた、国境画定に関する協定があった。

カザフスタン側によって提案された一連のプロジェクト（中国・カザフスタン国境のホルゴス近辺の経済特区創設、カラガンダ金属コンビナートの共同近代化、イリ川とイルティシュ川での河川交通の発達、カザフスタンとパキスタンを中国経由で結ぶルートの建設）は、魅惑と恐怖を引き起こさずにはいない中国の経済的ダイナミズムへの関心の現われである。

同時に、カザフスタンへの低品質の中国商品の大量流入は、住民の側からの拒否反応を引き起こし、一九九三年からカザフスタンへの中国製品の輸入は急減した（一九九二年から九三年までのあいだに二億五〇〇〇万ドルから六一〇〇万ドルになり、一九九四年から九五年にかけて六九八〇万ドルから三四二〇万ドルに減少した）。

対照的に、一九九五年にはカザフスタン側の輸出は増大して三億一五五〇万ドルとなり、カザフスタンにとって中国はロシアに次ぐ第二の輸出先となった（第三位はオランダ）。中国がカザフスタンから輸入する商品はおもに原料（非鉄金属鉱、希少金属、貴金属など）、重機、肥料である。

一九九五年九月十一日から十三日にかけて行なわれたナザルバエフの二度目の中国公式訪問は、経済より政治を優先する方向に対話を変えさせた。この訪問の際、両パートナー国は、「あらゆる形態の分離主義に反対して行動し、相手国に害を与えようとするあらゆる分離主義的行動が自国領で展開することを妨げる義務」に関する共同宣言に調印した。

一九九六年七月四～六日の江沢民のアルマトゥ公式訪問は、南南協力と南北対話を強化するため「不公正で非合理的な世界経済秩序を変える必要」に関する中国側の見方を、カザフスタン側に提示した。そのほかに、国境画定についての合意が両国によって調印された。これは、一九九六年七月二十九日にロプ・ノールで中国が新しい核実験を実施することを妨げるものではなかった。この実験は、モラトリアム署名前の最後のものとされていたが、カザフスタン（とクルグズスタン）で抗議の波を招いた。

ナザルバエフの三回目の（非公式の）訪問は、一九九七年二月四～七日のクルジャ（伊寧）での反乱と二月十九日の鄧小平の死という二つの悲劇的な事件と時を同じくするものであった。しかしながら彼は、江沢民と会談し、カザフスタンと中国の輸送回廊に関する問題および石油・ガス分野での協力の展望を協議することに成功した。これらの議論の結果、カザフスタン当局はカスピ海北部のジャナジョル、ケンキヤクI、ケンキヤクII油田を総額四〇億ドルで開発する合意を受け入れ、一九九七年六月に中国は「中央アジアの石油・天然ガスのグレート・ゲーム」に参入することとなった。

一九九七年九月二十四日に中国の李鵬首相が署名した、カザフスタン西部と新疆を結ぶ三〇〇〇キロメートルの石油パイプライン建設を含む総額九七〇億ドルの「世紀の石油・ガス契約」は、次世紀においてカザフスタンのエネルギー資源から遠ざけられないでいようとする中国の意思を確かに示した。この巨大プロジェクトは、パートナーを多様化し、とくにロシアに対する圧力を保持しようというカザフスタン当局の意欲をも物語る。

地域の発展、とくに漢族が住民の大多数を占め、中央アジアにおける中国の含蓄に富んだ戦略の橋頭堡である新疆北部の発展への直接の影響という観点からは、中国とカザフスタンの協力は中国側にとってより有益であるようにみえる。この戦略は、「開放の前線」である国境地帯と、補助線としてのウルムチ—アルマトゥ間の鉄道という二つを軸として展開している。

広東と香港のあいだの深圳をモデルとした二つの経済特区が、クイトゥン（奎屯）とシベ族自治県に設けられた。それら特区ではCIS出身者を雇用することが認められており、関税や商業税の免除、一〇年間の所得税率の一五パーセント据え置きとともに、国境通過手続きの簡略化がなされている。

一九九八年七月三日の江沢民国家主席のアルマトゥ訪問は、彼のパートナーたちに中国の核政策について安心させ、またカザフスタンとの国境をめぐって残されていた最後の二つの地点に関する解決を行なう機会となった。上海（一九九六年）とモスクワ（一九九七年）の合意に引き続いて、ロシア、カザフスタン、クルグズスタン、タジキスタンと新しい議定書に調印するために来訪した中国の国家元首は、係争中であったカザフスタンの領土の二カ所を回復したことに満足し、「パートナーであるカザフスタンとの関係を妨げていたこの係争問題を完全に解決した」ことを喜んだ。カザフスタン大統領は、中国の核や不法移民の問題に関しては慎重である。ロシアにとっては、中国とカザフスタンの接近が同国にとって肯定的な要因であるのか、それとも否定的なものであるのか、まだ見極めることはできない。

第三章　深い変化を遂げつつある文化と社会

カザフスタンがその政治的・経済的野心を充分に実現するうえで、内陸国であるためにいくつかの問題を抱えているのは確かである。中央アジア内のいくつかの隣国にくらべ外国と戦端を開けるような軍備をより多くもっていることで、多くの外部パートナーの関心を引いているが、二大民族が分極化した地理的・社会経済的構造は同国を弱めている。そして、ソ連崩壊後の移行期には、この社会が行動と思考様式の危機にあり、深い変化を遂げつつあることが明らかになった。

旧ソ連の他の諸国同様カザフスタンにも、さまざまな形の緊張状態がつきまとい、その影響が長期間にわたって感じ取られることになった。これは、成金と貧困化した人びとのあいだや、都市民、農村住民と、都市に引き寄せられたがあまりとけ込めずマージナル化した人びとのあいだ、そして欲求不満の若い世代と、昔を懐かしむ年金生活者のあいだに、強度の社会的亀裂が出現したことによるものである。

これらすべては、ポスト・ソヴェト社会を襲った激変の大きさを物語るものである。しかしこうした政治的・道徳的な激変は、いたるところで表現される宗教的・精神的・擬似精神的な刷新を阻むものではなかった。

I　若年層と教育の再編

ペレストロイカの数年間によってすでに脆弱化していた社会にさらに痛手を与えた急激な社会経済的変容の文脈のなかで、教育システムの再編は考慮に値する問題である。なぜなら、この問題は、比較的高性能な状態で相続したソヴェト的構造を可能な限り急速かつ低コストで改造する（教育内容のレベルでの「非ソヴェト化」）ために、新国家にとって不可欠な方向性の変化を明らかにするものであるからだ。

アイデンティティの主張が、民族間の均衡の動揺を誘発するにもかかわらず重視されている時代にあって、イデオロギー的統一による「民族を超えた」ヴェクトルでとらえられていたシステムを「民族化」することが問題となった。同時に、少数のエリートのために作られた私立の教育システムに対する政治的統制を失わず、また競争力のある公立部門を保持することが目指された。

実際、都市部すべてにおいて現地の私立教育機関が増加したほか、トルコ資本の高校（世俗的なものも宗教的なものも含む）が独立直後にカザフスタンに開校した。それは、近代的で、脱ロシア化され、米国プロテスタント的厳格さと、一部の社会階層にとって敏感に感じ取られる汎テュルク的政治言説が混ざりあった教育という選択肢を提供するものであった。

当局の側にとって、学校教育政策は総体的に二重の制約に縛られていた。つまり、全体主義的で「文化のロードローラー」のようなソヴェト・モデルを拒否しつつ、民族間の緊張を煽らずに新しい和解策を探すことが必要であった。しかし、この複雑な任務を、敏感な多民族社会において、社会的不平等を増大させることなく、窮乏する公的予算をもってどうすれば成功させることができるのか。ひどく安月給の教員たちが、もっと儲かる仕事に流れていく傾向（兼職はより小さな悪というにすぎない）を抑制し、さらには人事選考での民族ごとの新しい優先順位によって自分の地位に根本的な痛手を受けたロシア人の人材流出の波を止めるためには、どうすればよいだろうか。また、文化汚染の過程がすでに若い世代において広範囲に進んでいることを知りながら、学校への出資者がいっそうの文化汚染をもたらすことをいかにして防ぐことができるだろうか。

それに対する解答の最初の要素は、民族主義的反対派のスローガンを横取りすることであった。すなわち、ロシア語と、ロシア語で教育を行なう初等・中等・高等教育機関の過剰なネットワークとを介した教育へのアクセスと知の伝播を含意する、ソ連時代に支配的であった傾向を、逆転させることであった。民族語によって教育を行なう機関は確かに存在していたが、大学入試がロシア語で行なわれるため、社会的上昇の展望をほとんど提供せず、沈滞していた。しかしこうした機関は、独立後、新しい国家語に支えられて、未曾有の復興を経験した。

一九九四年には、カザフスタンの子供たちの三五・四パーセントがカザフ語による教育課程に、六四・六パーセントがロシア語による教育課程に登録されていた。この比率は、カザフ語化に有利なかたちで高まりつつあって、アルマトゥのカザフ語学校の数でそれを判断するならば、一九九一年には一校、一九九六年には五〇校であり、周辺地域を合わせてさらに六〇〇校が加わる予定である。

教育再編問題の重要な一部である大学の再編も、大きな焦点となっている。一方でそれは、国家語であるカザフ語に対するロシア語の文化的・法的地位の低下という、ロシア語話者の住民にとって決定的な問題を解決できない場合には悪化しうる社会的不満の萌芽を孕んでいる。他方で大学再編は、いくつかの私立大学の目覚しい成功によってはほとんど埋めあわせできない、全般的なレベルの低下に帰着する可能性がある。

教育課程や教授法、名称の変更などによって特徴づけられた再構成の波が、一九九一年以降何度も大学界を襲った。こうした変化は、独立によって生じた政治的変動を学界のなかに伝えるものであった。「ソヴェト的知」の大部分が、とくに人文科学において消滅した（科学的無神論、マルクス主義理論、ソ連共産党史、社会主義リアリズムの美学）。そのかわりに新しい授業テーマ（宗教史、国家史、市場経済、文化学）が現われ、かつては反対のイデオロギーを唱えていた教育家たちによっても教えられている。

一九九一年にカザフスタンには国立総合大学が一校しかなかったが、その後一一校が追加された。それらの前身は約五〇校を数えていた教育大学や地方の高等教育機関（VUZ）で、時として授業カリキュラムも予算もなかった。

しかしながら、教育による社会的地位の向上は、ソ連崩壊後のカザフスタン市民たちにとってきわめて重要な目的であり続けている。彼らはこの数年来、経済と商業のさまざまな部門、さらには「担ぎ屋」と呼ばれる私的な貿易に従事して、子どもの教育費を捻出しているのである。

Ⅱ　いくつかの新しい社会現象――宗教の復興

中央アジアの他の国と同様、カザフスタンの政権はペレストロイカ以降、ソヴェト的イデオロギーの消滅によって残された空白を、不安定さが増していく状況のなかで、倫理的価値を奨励することによって埋めようと努めてきた。

入念に統制された宗教政策の観点から、移行期の代々の政府は、宗教（イスラームおよびキリスト教）の復興が住民に対して持つ魅力を、二つの重要な課題のために利用した。不安定化の文脈のなかで、ソヴェト的社会化のヴェクトルが消滅したことによるイデオロギー的・道徳的空白を埋めることと、政治的イスラームに活動や計画の基盤を置く政党にかわる選択肢として、権力の選好や関心と完全に調和する、再び見出されたが平穏なイスラームを国民に提供することである。他の宗教潮流に関していえば、その焦点は異なっており、民族的・宗教的少数派にその境遇について安心させ、社会的な統合を保障し、彼らの大量出国を避けることが重視されている。

モスクの数は数字上は増加している（ブレジネフ期には十数であったのに対して、九〇年代初めには一五〇〇）が、おもに南部のアルマトゥ＝シュムケント道路沿いに開設されており、その宗教的環境はあまりカザフ的なものではない。確かにカザフスタンはしばらくの躊躇ののち、一九九六年にイスラーム諸国会議機構の五二番目のメンバーとなったが、公式イスラーム機関は、カザフスタンや隣国クルグズスタンでさまざまなセクトに人びとが引きつけられていく傾向と、キリスト教への大規模な改宗に対して気を揉んでいるのである……。

セクトの幻影について。旧ソ連や世界の他の国々同様、カザフスタンの若い世代は、共和国における歴史的大宗教であるイスラームとキリスト教（正教）が彼らの問題をきわめて不充分にしか理解していないこともあって、セクトのある種の魅力からほとんど逃れられない。このため、イスラームと正教はセクトの影響を防ぐために協力して闘うまでになっている。

セクトの増殖は、中央アジアでは古い現象である。十九世紀末から第二次世界大戦のあいだに植民に伴って到来したロシア独自のセクト（旧儀派、神秘主義セクト、モロカン派、ドゥホボル派）に加えて、プロテスタント系のバプテスト派、メノー派、セブンスデー・アドベンチスト派、エホバの証人、さらにユダヤ教から派生したセクトであるスボトニキを数えることができる。

最後に、つねに存在していたものの、公衆衛生機構の崩壊によって提起された問題に対応して再び盛んになった多様な現象がみられる。魔法使い、シャーマン、催眠術師、偽医者、ハーバライフ（アメリカに本社のあるダイエット食品会社）の宣伝者らといった、信条も能力もさまざまな治癒者に頼る人びとが現われているのである。こうしてみると、カザフスタンでは、薬草による治療が消滅したことのなかった領域に補助的医療や非合理主義の諸流派が進出してきているのである。また、「黄色い文物」といわれるオールタナティヴ的性格をもつ出版物（スキャンダルや推理もの、ポルノを扱う出版物）が禁じられていたことや、保守的・道徳主義的な社会によって育まれたソヴェト的フラストレーションだけでは、こんにちの中央アジア人を虜にする擬似哲学的潮流に対する熱狂を説明できない。伝統的な多数派宗教からの人心の離反はグローバルな現象であり、その意味においてカザフスタンの住民は例外ではない。

Ⅲ　体制移行の影響――保健衛生面での打撃

ほとんどの発展途上国と同様の事情に、ソヴェト政権の解体によって引き起こされた打撃の特殊性が加わって、カザフスタンは、中央集権的な衛生管理と数十年間慣例化していた国家中央による援助が終わった後の、生活条件の急激な悪化によって生じた構造的な問題にぶつかっている。政治・経済・環境・文化・心理の激変の蓄積は、市民の経験に影響を与えるさまざまな結果を短期的にもたらした。そうした結果の一部は本来の意味での移行に起因し、またそれ以外の部分は単に以前からの状況が悪化したことによるものである。

保健システムの崩壊は、結核のようにこれまで抑えられてきた感染性の疾病の再発を助長し、毎年一万から一万三〇〇〇件が新たに発生している(ウイルス性肝炎、コレラ、呼吸器疾患、ジフテリア)。これらに、ワクチン接種政策の途切れに乗じて、エイズや梅毒などの性感染症といった新しい世界的な流行病が加わることになった。

こうして、公衆衛生に与えられる予算の削減、医師の数の減少（ロシア人医師の大量出国）、病床の減少、託児所や地区診療所などの閉鎖、私営の医院や薬局の合法化などが要因となって、家計を強く圧迫している。

ナザルバエフ大統領は、同国人の健康を、来るべき数十年間に向けた最も緊急の政治目標の一つとして位置づけた。こんにちの問題はすなわち、環境問題（アラル海のカタストロフィー、カザフスタン領土の広大な部分における放射能汚染など）の処理と改革の実行である。

これらすべてはいくつかの指標、とくに旧ソ連で最も高い水準に留まっている幼児死亡率に反映されずにはいられなかった。もう一つの結果として、カザフスタンでの死亡率全体もまた、一九八九年の八・一パーミルから九五年の九・五パーミルに上昇した。同時に、人口の自然増加率は六・六パーミルから五・三パーミルに下がった。生まれる子供の数は二〇年前にくらべて半分になった。

旧ソ連のどこでも、従来と異なる価値体系への移行は道徳の退廃を伴っている。その結果として、軽犯罪やアルコール中毒、麻薬の使用の増加といった現象が、若年層を正面から襲っている。この点から見れば、カザフスタンの状況はロシア連邦にはびこる状況とくらべてうらやむに値するものとはほとんど言えない。さらには、こんにちまで政治システムの全面的な改造というものを知らずに共産主義から市場経済へと送り出された社会、つまり中国やヴェトナム、あるいはラオスとくらべてもそうである。

これまで社会は、文化変容の強い圧力にさらされながらも、比較的よく抵抗してきた。実際、中央アジアにおける強姦や暴行、売春の発生率は、ソ連全体の平均よりも低かったことが知られている。ところが、独立以来定着した特別裁判所などの、犯罪との闘いについての公式の資料は、社会的な逸脱行為が重大さを増していることを示している。この現象は、よく言われるように、他の移行諸国にも関係している。

したがって今、社会が後になって打撃を感じているソヴェト化に伴って起きた、風俗習慣の西洋化の覆いがはがれつつある。おそらくこれが、当局やメディアのメッセージのなかに伝統的道徳への回帰の呼びかけが増えていることの説明になるだろう。

移行の現段階では、一部の人びとのユーフォリアと他の人びとのノスタルジアが、すべての人びとの期待に少しずつ場所を譲りつつある。それが終わって初めて、カザフスタンは、生活と思考と行動の枠組みの解体と再建によるトラウマから立ち直ることができるであろう。

結び

カザフスタンの歴史は逆説的である。数千年のあいだ、境界の不明確な領域に広がっていたカザフスタンは、遊牧という特徴とテュルク語の独占権の喪失と引き換えに、近い過去において地歩を確立した。カザフスタンがロシアの政治圏に統合された十八〜十九世紀は、大いなる変動の時代であったといえるだろう。定住化の開始、行政区画の設定、公衆衛生政策、教育のロシア化政策、耕地面積の増大、運河の建設、資本主義と銀行システムの導入、ユルタ（天幕）ごとの課税による貨幣経済化、スラヴ系の植民、正教の浸透が見られた。

ソ連時代がカザフスタンの現在の形を生み、以前からの大変化を完結させた。定住化の達成、教育分野の修正、識字運動とアルファベットの変更。つまり、ボリシェヴィキ権力はカザフスタンでの政治的な基本方針のほとんどを新たに創りあげたのではなく、基本的に以前の制度によって開発された権力の技術を、新しいイデオロギーの要請に適応させて再利用しただけだと言えよう。この観点から見れば、幾度かの手直しを経てカザフ共和国を生んだ領域画定の政策は、ソ連中央のシステムへの統合における新たな層をなした。

ツァーリズムの実践が、伝統社会の本質を構成するものと対決することへの積年の恐れに直面したのに対し、ソ連の指導者たちは、潜伏期を経て、真の断絶をもたらした。それは、この境界空間を連邦の他の部分に統合するために、中央アジア的な特徴を衰弱させることを意味した。スターリン期の抑圧政策は、本能的かつ潜伏性の民族主義を事実上のよりどころとする「ローカリズム」の寄せ集めを平準化したという視角から理解することができる。それは法的な断絶（憲法制定、イスラーム法と慣習法アーダトの禁止、世俗化）、経済分野での断絶（金の流れの中央管理、集団化）、世代間の断絶を伴っていた。

これは、ソ連崩壊後の移行によって提起された諸問題に対するいくつかの答えを提供しうる、ある種の結論に到達することを可能にする。つまり、カザフスタンに適用されたソヴェト・システムは、おそらく既存の機構を根本的に変化させ包囲したというよりは、上塗りしたものである。それは、表向きには「ソヴェト的に正しい」顔をもつが、隠された「保守的」な顔をもつ妥協による解決をもたらした。しかしそれは、文化の衰弱あるいは少なくとも異文化間の影響（ロシア＝ムスリム・シンクレティズム）によるいくつかの現象と、若い独立国家がその正統性、歴史性、文化、次の千年紀における挑戦の展望、民主主義に関する外来の言説に対する反応を確立するうえで直面するいくつかの困難を物語る亀裂の表出を、排除するものではなかった。

ポスト・ソヴェトの移行期はまだ完了していない。再構成の確立には、「カザフスタンを独立に向けて投げだす」のにかかったよりも多くの時間が必要である。目標を突然失った社会を動かすために、適法性と違法性のあいだの線引きを可能にすべく、新しい参照基準が定義された。つまり、ソ連崩壊後のカザフスタンの政治家は、彼らが基本的に帰属する支配的民族の「アイデンティティの共同体」を優先させながら、社会全体にとって納得がいくような統治体を構成するために想像力を発揮しなければならないのである。この野心的計画は、とくに土地に対する権利を引き合いに出しながら、カザフ・ナショナリズムの高揚に基づく歴史の選択的な読み直しを必要とする。しかしこれは、非土着のマイノリティ、とくに非常に脆弱化したロシア語系住民の自尊心を傷つけない配慮を充分にすることができないであろうから、社会的混乱を引き起こさずに実現することはできない。

このためこんにちにおいては、中央アジア全体にわたるこの大きなアイデンティティ内省の動きの結果を計るのは不可能である。この動きのなかで、一連のソヴェト的象徴を置き換えるための国旗、国家、紙幣、通りの名前、新しい銅像といった新しい象徴の選択は、独立の記号体系の目に見える表われにすぎない。

つまり、数千年にわたる豊かな文明を持つものの、ソヴェト民族政策による遺産をそのままの形で引き継いだカザフスタン共和国の政治的・法的・心理的な枠組みは、まだ確立されるに至っていないのである。ペレストロイカの数年間やマフィア的逸脱行為によってすでに脆弱化したこれらの社会に影響を与える、急激かつ必要な社会経済的変容を拘束する枠組みは、即興的な対応の余地をわずかしか残していない。しかしながらカザフスタンは、国内情勢・国際情勢が同国に可能性を与えた場合には、成果をあげることのできる切り札を持っている。有用かつ貴重な一次資源が豊富で、有能な労働力と犠牲に慣れた住民、技術と政治の革新に適応できる能力のある行動的な若年層をもつカザフスタンは、その過去と同じくらい長い未来を期待することができる。

グローバルな観点からみると、陸の孤島からの脱却作戦が成功し、中央アジア各共和国の国内状況が安定を維持し、アフガニスタンが再建された場合、カザフスタンは大陸横断交易に欠けていた鎖の輪となり、ユーラシア大陸の軸としてその歴史的役割を再び見出すであろう。

連続的な文化的ショックの中心であるカザフスタンは、ロシア人とカザフ人という明確に区別される民族と、二つの異なる文化システム（無神論から生き残った正教と、シャーマニズムによって消化されたイスラーム）を内包するため、アジア的東洋と西洋の真の融合体となっている。今のところカザフ系が指導権を握っているが、多様なアイデンティティをどの程度考慮に入れることができるかに、すべての問題がかかっている。

カザフ人は一方では、影響力があり信頼できる西洋の寄与を求め、他方では、その再建はおそらく幻である征服された遊牧世界に根を下ろす、アジア的な遺産を持つ。両者のあいだで引き裂かれたアイデンティティが提示する歴史的方程式を、カザフ人は解くことができるに違いない。

訳者あとがき――地域大国化するカザフスタン

本書は、Catherine Poujol, *Le Kazakhstan*（Coll. « Que sais-je? » n° 3520, P.U.F., Paris, 2000）の全訳である。原著は一九九九年前半までの時期を扱っているので、その後のカザフスタンの状況についてまず簡単にまとめておきたい。

この七年間の変化として何よりも注目すべきは、カザフスタンの経済が大きく成長したことである。カザフスタン経済はソ連時代にはロシアなど他の共和国と緊密に結びついていたため、ソ連崩壊による衝撃は極めて大きかった。一九九〇年代前半には経済政策も混乱を極め、工業・農業生産の激減、インフレ、賃金の遅配が深刻であった。一九九六年からゆっくりと回復を始めたが、九八年にはアジアとロシアを襲った金融危機の影響で景気は再び後退した。ここまでが、本書で扱われている状況である。

しかし、その後の成長は奇跡的である。二〇〇〇年以降、ＧＤＰは毎年九パーセント台（二〇〇一年には一三・五パーセント）の伸びを見せている。成長を引っぱっているのは、生産・輸出が本格化した石油・ガスだが、ソ連時代の花形であった金属産業も、年による変動はあるが基本的に好調だ。銀行業は著しく発展し、民間銀行のカズコメルツバンクは二〇〇五年に資産総額でＣＩＳ第四位の銀行になった。商業・サービス業は鉱工業に先行して一九九〇年代後半から急速に成長し、アルマトゥでは多くのレストラン、スーパーマーケット、ホテルが軒を並べている。多くの国民の反対を押しきって断行された遷都は、当初は失敗するのではないかという見方もあったが、現在では新首都アスタナは華やかな都市の景観を備えている。総じて、石油・ガスの開発の進展と世界市場での価格の上昇、一九九〇年代に混乱を伴いながらも行なわれた経済改革によって生まれた民間の活力、そしてその後の比較的安定した経済政策がうまくかみ合わさっていると言えよう。

政治面では、ナザルバエフ大統領の長期政権が続いている。本文で触れられている一九九九年の再選に続き、二〇〇五年十二月に行なわれた大統領選挙でも、ナザルバエフが九一パーセントという圧倒的な得票率で当選した。実際に国民の多くが彼を支持していると思われるが、一部の野党や反政府的なメディアがたびたび非合法化されるなど、政権側はナザルバエフに対抗する動きを摘み取って翼賛的な体制を作ろうという姿勢を年々強めている。他方で、憲法での規定を変えない限りナザルバエフは二〇一三年初めに退任することになるため、その後継をにらんで、大統領の取り巻きの間で競争が始まっている。とくに、彼の長女ダリガとその夫ラハト・アリエフのグループと、次女ディナラとその夫ティムール・クリバエフのグループが影響力を競っている。二〇〇六年二月に、ナザルバエフの元側近で反対派に転じた有力政治家のサルセンバエフが特殊工作部隊の要員によって暗殺されるという衝撃的な事件があったが、その背景には大統領周辺の複雑な権力闘争があると見られている。ともあれ、当面はナザルバエフ自身の権力が揺らぐ兆候は見えない。

国際的にも、カザフスタンは存在感を高めつつある。中央アジア域内の地域協力においても、CISにおいても、ロシア・中国・中央アジアにまたがる地域機構として注目されている上海協力機構においても、カザフスタンは重要な役割を果たしている。また、二〇〇九年にOSCEの議長国となることをめざしており、ヨーロッパ諸国からもおおむね好意的な反応を得ている。中央アジアのもう一つの有力国であるウズベキスタンが、民主化・人権をめぐって国際的な批判を浴び、とくに二〇〇五年五月にアンディジャンでイスラーム主義組織および市民の集会を当局が武力弾圧した事件以降アメリカとの関係を決定的にこじらせるなかで、アメリカは対中央アジア外交の重点をカザフスタンに置いている。カザフスタンはまた、他のCIS諸国への投資などの対外経済活動や、教育や学術面での国際交流も活発に行なっている。

このようにカザフスタンは、中央アジアないし中央ユーラシアを代表する地域大国として、世界から注目される存在になりつつある。

著者のカトリーヌ・プジョル女史は、フランスの国立東洋言語文明学院（INALCO）の教授である。若い頃にはブハラ・ユダヤ人（中央アジアに古くから住むユダヤ人）や、中央アジアを旅したロシア人旅行家などを研究していたが、近年は中央アジアに関する概説書を多く手がけている。

かつてソ連が存在した時代には、故アレクサンドル・ベニグセンやエレーヌ・カレール＝ダンコースらを擁したフランスは、世界の中央アジア研究の中心地の一つであった。現在では、研究者の数が飛躍的に伸びたアメリカに差をつけられた感があるが、ステファン・デュドワニョン、ティエリー・ザルコヌ、著者の教え子であるセバスティアン・ペイルーズら、現地調査・資料調査を活発に行なう中堅・若手が優れた専門研究を行なっている。著者はやや上の世代の研究者として、総合的な研究を取りまとめる立場にいるようである。

ただし、フランスの中央アジア研究のなかでカザフスタン研究はそれほど発達しているわけではなく（むしろ日本のカザフスタン研究の方が進んでいる）、著者も厳密な意味でのカザフスタン専門家ではない。そのためか、原著には少なからぬ誤りがある。学術的な翻訳としては本来、それら一つ一つに注記をつけるべきだが、新書としてはあまりにも煩雑になるため、編集部の方針により、事実関係や数字の単純な誤りは断わり書きなしで訂正し、とくに説明の必要な部分のみ訳注を付けることにした。言うまでもなく、日本での通説とフランスやカザフスタンでの通説が異なる部分や、研究者のあいだで解釈が異なる点、依拠する資料や計算方法によって違いが出る点は直していない。著者が依拠したと思われる何冊かの本を参照して、適切な範囲での修正を行なうよう細心の注意を払った。

そうした細かな問題はあるものの、本書は地理や古代史から現在の政治・経済・社会まで非常に目配りよく記述している点で、優れた特徴を持っている。また、日本で出版される中央アジアの通史の多くは、現在の国境にとらわれない記述を旨としているが、これが結果としては華やかな都市（その多くは現在のウズベキスタンにある）に偏った歴史になりがちなのに対し、本書はカザフスタン現地での歴史の書き方に準じて、現在のカザフスタンの領域に存在した国家や遊牧民集団の歴史を古代から順にまとめている。それにより、モンゴル帝国や突厥以外は歴史上の脇役として扱われがちな遊牧民王朝の歴史が、通時的に連続したものとして浮かび上がってくるのである。また、複雑な現代史に重点を置いていることも本書の特徴である。

私が沼野充義先生のご紹介で本書の翻訳を引き受けたのは二〇〇一年のことであるが、多忙のためなかなか作業に取りかかることができなかった。翻訳を始めてからは、フランス人からも独特と評される、著者のやや持って回った文体の味わいを残しながら、内容と意味の正確さを保ち、なおかつ日本語として読みやすい訳文にするという三つの課題に直面し、難儀した。途中の段階で、ウズベキスタン研究者の須田将君を共訳者に迎え、何とか作業を加速することができたが、結局刊行まで五年もの歳月が流れてしまった。読者の皆様および著者、編集部にお詫びしたい。もっとも結果として、前述のペイルーズ氏と夫人のマルレーヌ・ラリュエル女史（やはり著者の教え子で、優れたロシア・中央アジア研究者）が北海道大学スラブ研究センターに滞在されているときに出版できるのは、訳者にとって嬉しいことである。

なお、翻訳の作業分担は以下の通りである。序から第二部第一章までは、宇山の単独訳である。第二部第二章から結びまでは、須田が下訳をしたうえで、宇山が全面的に手を入れた。原著の誤りの訂正と訳注は、宇山によるものである。

日本は一九九七年に「シルクロード外交」を打ち出したのち、二〇〇四年に「『中央アジア＋日本』対話」

を提唱し、二〇〇六年八月には小泉首相がカザフスタンとウズベキスタンを訪問するなど、カザフスタンをはじめとする中央アジア諸国との関係を強化しつつある。エネルギー資源だけでなく、草原と高山、沙漠が織りなす美しい風景、多くの英雄や知識人の活躍を含む悲劇的だが壮大な歴史、そして素朴な人情を特色とするカザフスタンが、日本の読者にとって少しでも身近な国となることに、本書が役立つなら幸いである。

宇山智彦

二〇〇六年八月

参考文献

Atlas des peuples d'Orient, Moyen-Orient, Caucase, Asie centrale, par Jean et André Sellier, Paris, La Découverte, 1993.

Aouezov M., *Abaï*, Paris, 1958.

Demko G., *The Russian Colonization of Kazakhstan*, 1896-1916, Bloomington, The Hague, Mouton, 1969.

Dixon R., *Kazakhstan : Political Reform and Economic Development*, London, RIIA, Post Soviet Business Forum, 1994.

Dor R., Khousainova K., *Méthode de Kazakh*, Paris, 1997.

Fourniau V., *Histoire de l'Asie centrale*, Paris, PUF, « Que sais-je? », 1994.

Frye R. N., *The Heritage of Central Asia, from Antiquity to the Turkish Expansion*, Princeton, 1996.

Giroux A., Les États d'Asie centrale face à l'indépendance, *Le courrier des pays de l' Ést*, n°388, avril 1994, p.3-43.

Mandelbaum M., *Central Asia and the World*, New York, Council of Foreign Relations Press, 1994.

Melvin N., Kazakhstan : Political Reform and the Ethno-politics of Kazakhstan, The World today, vol.49, n°11, November 1993.

Olcott M. B., The Kazakhs, Hoover Institution, Stanford University, 1987.

Poujol C., Cosaques et Kazakhs : nationalismes, identités et territoire, *Hérodote, Le cercle de Samarcande*, n°84, 2e trimestre 1997, p.124-143.

Radvanyi J., *URSS, régions et nations*, Paris, Masson, 1990.

Radvanyi J., *De l'URSS à la CEI, 12 États en quête d'identité*, Paris, Ellipses, 1997.

Sinor D. (éd.), *The Cambridge History of Early Inner Asia*, Cambridge Univ. Press, 1990.

Winner T. G., *The Oral Art and Literature of the Kazakhs of Russian Central Asia*, Durham, 1958.

邦語参考文献
（訳者による）

1．中央アジア全体に関する概説・通史

宇山智彦『中央アジアの歴史と現在（ユーラシア・ブックレット7）』，東洋書店，2000年.

宇山智彦編著『中央アジアを知るための60章』，明石書店，2003年.

江上波夫編『中央アジア史（世界各国史16）』，山川出版社，1987年.

小松久男編『中央ユーラシア史（新版世界各国史4）』，山川出版社，2000年.

小松久男／梅村坦／宇山智彦／帯谷知可／堀川徹編『中央ユーラシアを知る事典』，平凡社，2005年.

間野英二『中央アジアの歴史：草原とオアシスの世界』，講談社現代新書，1977年.

2．中央アジア草原・カザフスタンの歴史

赤坂恒明『ジュチ裔諸政権史の研究』，風間書房，2005年.

磯貝健一「イブン・ルーズビハーンとカザク遠征：Mihmān-nāma-yi Bukhārāから Sulūk al-Mulūkへ」『西南アジア研究』43号，1995年.

宇山智彦「20世紀初頭におけるカザフ知識人の世界観：M・ドゥラトフ『めざめよ，カザフ！』を中心に」『スラヴ研究』44号，1997年.

宇山智彦「カザフ民族史再考：歴史記述の問題によせて」『地域研究論集』2巻1号，1999年.

宇山智彦「『個別主義の帝国』ロシアの中央アジア政策：正教化と兵役の問題を中心に」『スラヴ研究』53号，2006年.

小沼孝博「19世紀前半『西北辺疆』における清朝の領域とその収縮」『内陸アジア史研究』16号，2001年.

川口琢司「キプチャク草原とロシア」『中央ユーラシアの統合：9-16世紀（岩波講座世界歴史11）』，岩波書店，1997年.

坂井弘紀『中央アジアの英雄叙事詩：語り伝わる歴史（ユーラシア・ブックレット35）』，東洋書店，2002年.

坂井弘紀「19世紀カザフ詩人ムラトの作品とその特徴」『内陸アジア史研究』18号，2003年.

佐口透『ロシアとアジア草原』，吉川弘文館，1966年.

佐口透『新疆民族史研究』，吉川弘文館，1986年.

東田範子「フォークロアからソヴィエト民族文化へ：『カザフ民族音楽』の成立（1920-1942）」『スラヴ研究』46号，1999年.

長峯博之「『キプチャク草原の港』スグナク：1470～90年代のトルキスタン地方をめぐる抗争とカザクのスグナク領有を中心に」『史朋』36号，2003年.

西山克典『ロシア革命と東方辺境地域：「帝国」秩序からの自立を求めて』，北海道大学図書刊行会，2002年.
野田仁「露清の狭間のカザフ・ハーン国：スルタンと清朝の関係を中心に」『東洋学報』87巻2号，2005年.
藤川繁彦編『中央ユーラシアの考古学（世界の考古学6）』，同成社，1999年.
堀川徹「シャイバーニー・ハンとアルクーク城」『史林』62巻6号，1979年.
宮脇淳子『最後の遊牧帝国：ジューンガル部の興亡』，講談社選書メチエ，1995年.

3．カザフスタンの現代政治・経済・社会

岩崎一郎『中央アジア体制移行経済の制度分析：政府―企業間関係の進化と経済成果』，東京大学出版会，2004年.
岩崎一郎／宇山智彦／小松久男編著『現代中央アジア論：変貌する政治・経済の深層』，日本評論社，2004年.
宇山智彦「カザフスタンにおける民族間関係：1986～93年」『国際政治』104号，1993年.
宇山智彦「カザフスタンの権威主義体制」『ロシア研究』23号，1996年.
岡奈津子「1999年カザフスタン議会選挙：『民主化』の演出と投票結果の改ざん」『ロシア研究』30号，2000年.
岡奈津子「カザフスタンにおける地方政治エリート（1992～2001年）」酒井啓子／青山弘之編『中東・中央アジア諸国における権力構造：したたかな国家・翻弄される社会』，岩波書店，2005年.
清水学／松島吉洋編『中央アジアの市場経済化：カザフスタンを中心に』，アジア経済研究所研究双書，1996年.
地田徹朗「ソ連邦中央＝カザフスタン関係の変遷（1980-1991）：党エリート人事動向を素材として」『スラヴ研究』51号，2004年.
ヌルスルタン・ナザルバーエフ『我々の家ユーラシア：21世紀を眼前にして』（下斗米伸夫監訳），ＮＨＫ出版，1999年.
ヌルスルタン・ナザルバエフ『激動の十年：カザフから始まるユーラシアの改革』（下斗米伸夫／原田長樹訳），Ｌ・Ｈ陽光出版，2005年.
野部公一『CIS農業改革研究序説：旧ソ連における体制移行下の農業』，農林水産省農林水産政策研究所，2003年.
半谷史郎／岡奈津子『中央アジアの朝鮮人：父祖の地を遠く離れて（ユーラシア・ブックレット93）』，東洋書店，2006年.
藤本透子「あるインテリ女性の子育て：ソ連時代からカザフスタン独立後の変動のなかで」『沙漠研究』14巻4号，2005年.
輪島実樹「中央アジア経済改革における多様性：カザフスタンの事例」『ロシア研究』26号，1998年.

訳者略歴
宇山智彦（うやま　ともひこ）
一九六七年生まれ
一九九六年東京大学大学院総合文化研究科博士課程中退
北海道大学スラブ研究センター助教授
中央アジア近代史・現代政治専攻
主要編著書
『中央アジアの歴史と現在』（東洋書店）
『中央アジアを知るための60章』（明石書店）
『現代中央アジア論―変貌する政治・経済の深層』（日本評論社）
『中央ユーラシアを知る事典』（平凡社）

須田将（すだ　まさる）
一九七五年生まれ
一九九九年上智大学外国語学部フランス語学科卒業
二〇〇二年前半（特活）日本医療救援機構アドミニストレーター、アフガニスタン事務所長
二〇〇三年上智大学大学院外国語研究科博士前期課程修了
現在、北海道大学大学院文学研究科博士後期課程在籍
中央アジア地域研究・現代政治史専攻

カザフスタン

二〇〇六年九月一〇日印刷
二〇〇六年九月三〇日発行

訳者 © 宇山智彦
　　　　須田将
発行者　川村雅之
印刷所　株式会社平河工業社
発行所　株式会社白水社

東京都千代田区神田小川町三の二四
電話　営業部〇三（三二九一）七八一一
　　　編集部〇三（三二九一）七八二一
振替　〇〇一九〇―五―三三二二八
　　　郵便番号一〇一―〇〇五二
http://www.hakusuisha.co.jp
乱丁・落丁本は、送料小社負担にてお取り替えいたします。

製本：平河工業社

ISBN4-560-50904-2
Printed in Japan

R〈日本複写権センター委託出版物〉
本書の全部または一部を無断で複写複製（コピー）することは、著作権法上での例外を除き、禁じられています。本書からの複写を希望される場合は、日本複写権センター（03-3401-2382）にご連絡ください。

文庫クセジュ

哲学・心理学・宗教

文庫クセジュ

762 キルケゴール
763 エゾテリスム思想
764 認知神経心理学
768 ニーチェ
773 エピステモロジー
778 フリーメーソン
779 ライプニッツ
780 超心理学
789 ロシア・ソヴィエト哲学史
793 フランス宗教史
802 ミシェル・フーコー
807 ドイツ古典哲学
809 カトリック神学入門
818 カバラ
835 セネカ
848 マニ教
851 芸術哲学入門
854 子どもの絵の心理学入門
862 ソフィスト列伝
863 オルフェウス教
866 透視術
874 コミュニケーションの美学
880 芸術療法入門
881 聖パウロ
891 科学哲学
892 新約聖書入門
900 サルトル

文庫クセジュ

歴史・地理・民族（俗）学

文庫クセジュ

769 中国の外交
781 カルタゴ
782 カンボジア
790 ベルギー史
791 アイルランド
806 中世フランスの騎士
810 闘牛への招待
812 ポエニ戦争
813 ヴェルサイユの歴史
814 ハンガリー
815 メキシコ史
816 コルシカ島
819 戦時下のアルザス・ロレーヌ
823 レコンキスタの歴史
825 ヴェネツィア史
826 東南アジア史
827 スロヴェニア
828 クロアチア
831 クローヴィス
834 プランタジネット家の人びと

842 コモロ諸島
853 パリの歴史
856 インディヘニスモ
857 アルジェリア近現代史
858 ガンジーの実像
859 アレクサンドロス大王
861 多文化主義とは何か
864 百年戦争
865 ヴァイマル共和国
870 ビザンツ帝国史
871 ナポレオンの生涯
872 アウグストゥスの世紀
876 悪魔の文化史
877 中欧論
879 ジョージ王朝時代のイギリス
882 聖王ルイの世紀
883 皇帝ユスティニアヌス
885 古代ローマの日常生活
889 バビロン
890 チェチェン

896 カタルーニャの歴史と文化
897 お風呂の歴史
898 フランス領ポリネシア

文庫クセジュ

社会科学

文庫クセジュ

自然科学

文庫クセジュ

語学・文学